HISTOIRE

DES

HOMMES ILLUSTRES

DE LA RÉPUBLIQUE FRANÇAISE,

Par M. VALLOUISE.

PARIS.

ROZIER, ÉDITEUR, LIBRAIRE-COMMISSIONNAIRE,
2, Place des Trois-Maries.

1841

HISTOIRE

DES

HOMMES ILLUSTRES

DE LA RÉPUBLIQUE FRANÇAISE,

PAR M. VALLOUISE.

2 vol. in-8, portraits, publiés en 30 livraisons à 50 c.

Prospectus.

Parmi les écrits si nombreux qui ont été publiés sur la révolution française, on ne trouve pas une histoire des hommes illustres de cette époque ; ou, du moins, ils ne sont connus que par l'histoire des faits généraux, les anecdotes et les contes puériles des mémoralistes. Cependant on ne peut connaître ces hommes par les événemens qui s'accomplirent si confusément au milieu des discordes civiles, sans connaître la pensée et les principes qui les animaient. Homère voulant chanter la guerre de Troie, fait connaître d'abord les héros de cette guerre : il dépeint leur personne, leur caractère, leur esprit, et jusqu'à leur armure. Quand ensuite il chante les combats, il n'est plus nécessaire d'entendre le récit de l'action pour connaître la sagesse d'Ulisse, la valeur d'Ajax, la colère d'Achille.

D'ailleurs on ne doit pas juger les hommes de la république par des faits qui furent souvent des accidens indépendans
de leur volonté. L'ouvrage que nous publions est l'introduc-
tion nécessaire à toutes les histoires de la révolution ; l'histoire de l'intelligence, qui éclairera l'histoire sombre des
faits.

Son titre annonce assez qu'il n'est pas une simple biographie, et qu'il offre plus qu'un intérêt de curiosité. Jusqu'ici
l'on n'a guère écrit la biographie des hommes de la révolution, que comme la description d'une ménagerie. Il faut cependant d'autres livres à une génération intelligente.

Cet ouvrage est donc l'histoire de la vie, des doctrines,
des opinions et des travaux des hommes illustres de la république. Ceux dont la mémoire a subi l'injuste outrage des
passions et de la colère, reparaîtront comme ces statues d'A-
thènes et de Rome, que l'on retire du fond des ruines. En
voyant ce qu'ils étaient, on comprendra mieux ce qu'ils ont
fait et ce qu'ils auraient pu faire : on connaîtra l'esprit qui
les guidait dans la lutte terrible, où presque tous ont péri
avec la république qu'ils avaient fondée.

Sous presse :

ROBESPIERRE. — BARNAVE. — DANTON. — SAINT-JUST, etc.

Conditions de la Souscription :

Chaque livraison contiendra, au prix de 50 c., une feuille
d'impression et un Portrait, ou deux feuilles sans Portrait. Tous
les samedis, à partir de septembre, il paraîtra une livraison.

On souscrit chez ROZIER, éditeur, place des Trois-Maries. 2.
Toutes les demandes devront être affranchies.

Paris. — Imprimerie de P. BAUDOUIN, 58, rue des Boucheries-St-Germ.

HISTOIRE

DES

HOMMES ILLUSTRES

DE LA

RÉPUBLIQUE FRANÇAISE.

Imprimerie de P. Baudouin, rue des Boucheries St-Germain, 38.

HISTOIRE

DES

HOMMES ILLUSTRES

DE LA

RÉPUBLIQUE FRANÇAISE,

Par M. VALLOUISE.

PARIS

IMPRIMERIE DE P. BAUDOUIN,
RUE DES BOUCHERIES-S.-G., 38.

1842

HISTOIRE

DES

HOMMES ILLUSTRES

DE LA RÉPUBLIQUE FRANÇAISE,

Par M. VALLOUISE.

ROBESPIERRE.

Quand la Convention nationale eut aboli la royauté, elle voulut organiser une société vraiment démocratique, mais elle trouva pour difficultés les vices de la vieille société, les préjugés, les habitudes de la servitude, les instincts immondes; et chacun de ses efforts rencontra une invincible résistance dans les mauvais sentimens, dans les entraînemens rétrogrades. C'est en vain que les intelligences semblaient suivre un élan de progrès; ce n'était là qu'un mouvement superficiel, comme cette faible ondulation que produit le vent sur une eau qui semble remonter vers sa source, mais qui descend toujours dans les abîmes de la mer.

Les passions, les intérêts qui divisaient la nation, envahirent bientôt l'assemblée qui la gouvernait, et il n'y eut plus dans cette assemblée qu'un seul parti qui se voua sincèrement à la réalisation de la démocratie.

L'homme le plus éminent de ce parti était Robespierre, dont la renommée remplit soudainement le monde, et que l'on considéra comme l'âme du gouvernement révolutionnaire, comme la pensée active de l'organisation qui s'opérait violemment.

Sans approfondir sa pensée, restée mystérieuse pour la foule, on s'est plu à résumer en lui toute l'ardeur révolutionnaire, tous les résultats d'un mouvement puissant et d'une répulsion plus puissante encore. On l'a voulu juger par des faits qui s'accomplirent indépendamment de lui ; on l'a placé dans l'ombre des plus mauvais jours, pour voir sa figure à la lueur de la foudre populaire. C'est que le peuple adopte facilement les idées qui frappent son imagination ; c'est qu'il aime à tout personnifier, à voir toujours un homme à la place des principes et des passions d'un parti.

Robespierre naquit à Arras en 1759. Il fit ses études au collége Louis-le-Grand à Paris, où ses professeurs, remarquant son esprit et son caractère, l'appelaient le *Romain*. Ayant ensuite étudié le droit, il retourne à Arras, où il exerça la profession d'avocat, dans laquelle il se distingua en plaidant quelques causes importantes. Très jeune encore il fut élu président de l'Académie de cette ville.

Nommé député aux États généraux par la Commune d'Arras, il vint à Paris avec les sentimens qu'il fit bientôt connaître. Soit qu'il prévît les événemens, soit qu'il cédât à l'impétuosité de ses desirs, il se montra aussitôt ce qu'il était, républicain absolu.

L'influence qu'il s'acquit sur les esprits vint lentement : elle fut progressive comme son talent d'orateur, mais dès les premiers mois de la révolution il se fit remarquer par ses opinions avancées. Sa parole était grave, mais elle ne retentissait pas éloquente et pleine d'émotion comme celle des grands orateurs qui régnaient alors à la tribune. Il ne se distingua d'abord que par son puritanisme, par sa franchise et sa persévérance ; et quand on voulut mettre la forme du gouvernement hors de discussion, en le déclarant monarchique, il demanda une garantie pour la liberté des opinions. On comprit son désir d'aborder cette question fondamentale, et on lui refusa la liberté qu'il demandait. Confiant dans l'avenir, il attendit le jour où il pourrait attaquer la royauté que l'on déclarait encore inviolable, et en attendant il s'attachait à faire connaître et à défendre les droits du peuple. Ainsi il demanda que la liberté de la presse, cette puissance auxiliaire de la révolution, fût franchement déclarée libre ; il s'éleva avec énergie contre ce système, funeste au peuple, d'après lequel les droits des citoyens sont calculés par la valeur des biens et les impôts, et combattit l'abbé Maury qui voulait faire exclure les juifs et les protestans du droit électoral et de l'éligibilité ; il demanda ces droits pour toutes les classes indistinctement.

Il se prononça vivement, comme Barnave, pour l'institution du jury en matière civile. Ce fut l'une des tentatives les plus importantes de ces hommes dévoués au peuple ; mais cette institution du jury en matière civile, rencontrait de grandes difficultés : elle choquait toutes les idées anciennes sur la forme et la distribution de la justice.

Cependant Robespierre soutint ce projet avec vigueur. Il s'attacha à démontrer surtout que les juges des tribunaux permanens, investis pour longtemps du droit de juger sur le fait et sur le droit, n'étaient pas exempts d'un esprit de corps et d'orgueil qui dégénérait en despotisme ; qu'avec l'institution des jurés, en matière civile comme en matière criminelle, on ne craindrait plus le juge, réduit à appliquer la loi et ne pouvant s'écarter de la loi ; que cette institution était la base essentielle de la liberté; que sans elle, on ne pourrait jamais s'estimer libre; que si l'ordre judiciaire était insuffisant en matière criminelle, il l'était également, et par les mêmes raisons, en matière civile. Réfutant ensuite les objections que l'on opposait, il dit que dans les jurés le bon sens suffisait pour juger le fait; qu'enfin l'on ne pouvait sérieusement opposer seulement des raisons de convenance à des principes reconnus, et que, dans tous cas, différer cette institution, c'était y renoncer, ou plutôt en perdre à jamais l'occasion.

Robespierre provoqua la réforme des plus graves abus de la vieille législation, et fit voter les lois les plus tutélaires que la révolution nous ait laissées. Ce fut lui qui, le premier, demanda que les simples soldats fissent partie des Conseils de guerre, afin que chacun eût ses pairs pour juges. Ce fut aussi lui qui réclama contre le projet du Code pénal maritime, qui, pour la punition d'un même délit, établissait une trop grande disproportion entre l'officier et le simple matelot. Un représentant, auquel ses propositions semblaient trop révolutionnaires, s'écria que Robespierre était un factieux, *un tribun du peuple*, ce qui n'empêcha pas Robespierre de poursuivre toujours le succès de la cause démocratique, d'attaquer toutes les mauvaises institutions. Ainsi, il provoqua bientôt après la suppression du Châtelet.

Le Châtelet était primitivement le manoir d'où relevaient les fiefs de la prévauté et vicomté de Paris. Les offices s'y donnaient à ferme. Plus tard, toutes les justices seigneuriales furent réunies au Châtelet. Il fut érigé en présidial en 1551, et au moment de la révolution il comprenait plusieurs juridictions toutes féodales, la prévôté et la vicomté, le baillage ou la conservation et le présidial. La suppression du Châtelet fut donc facile à obtenir d'une assemblée qui, sans se déclarer contre le gouvernement monarchique, se déclarait ouvertement contre les institutions féodales. Tous les tribunaux de l'ancien régime furent supprimés par la loi du 7 septembre 1790.

Le même esprit qui poussait Robespierre à attaquer les vieux abus, les institutions odieuses au peuple, le guidait dans la discussion des organisations nouvelles. On aime à relire ses sages observations sur les tribunaux de paix et les tribunaux de famille; sur le projet relatif au tribunal de cassation, dont il demanda que les membres fussent renouvelés en totalité et le plus souvent possible. Il est évident qu'il voulait mettre la justice au-dessus des intérêts cupides, la rendre partout indépendante et tutélaire. Il vota ensuite pour l'admission de tous les citoyens aux fonctions de juré; il demanda que les accusateurs publics fussent nommés par le peuple, et que désormais la peine de mort ne pût être prononcée qu'à l'unanimité des voix.

Dans toutes les discussions auxquelles il prit part, il ne démentit jamais l'austérité de ses principes républicains. Les intérêts du peuple, la cause des pauvres, des opprimés, étaient toujours l'objet de ses vœux et le but de ses efforts. S'il votait sur la proposition de ces mesures violentes et coercitives commandées par les dangers que courait la patrie, ce n'était jamais avec colère et passion : sa raison était calme. Dans la première année de la révolution, on le vit monter à la tribune, tantôt pour invoquer la justice de l'assemblée en faveur des ecclésiastiques vieillis dans leur ministère, qui n'avaient ni pensions, ni moyens d'existence; tantôt pour s'opposer à ce qu'on employât la loi martiale pour la perception des impôts; tantôt pour défendre les droits si longtemps méconnus des hommes de couleur, qui devaient être proclamés libres comme les blancs, et pour faire effacer du projet de loi proposé à ce sujet, le mot *es-clave*; tantôt enfin pour demander l'abolition de la peine de mort, comme une peine créée par la tyrannie, tendant à altérer le caractère des hommes, et à entretenir des préjugés féroces.

En 1791, le talent de Robespierre fit des progrès rapides et lui acquit un ascendant réel sur l'assemblée constituante, qui ne pouvait d'ailleurs être indifférente à la grande pureté de ses principes, à la sincérité de ses convictions, et surtout à l'éclatante vérité qui brillait dans tous ses discours. Ses succès à la tribune semblèrent fortifier sa parole, et il fût peut être devenu le plus éloquent des orateurs, s'il n'eût préféré le triomphe de ses idées politiques, le résultat des principes qu'il professait, à la gloire de l'éloquence. Il ne s'attacha pas à captiver les esprits par le prestige de l'élocution et des images de la pensée : tous ses efforts tendaient à démontrer, à faire adopter avec foi, les principes sur lesquels devait s'élever un nouvel ordre social, une démocratie pure et réelle. Il put se louer souvent d'avoir obtenu ces résultats; car l'assemblée constituante et la convention furent entrainées dans ses grandes vues, malgré les dissidences, les faiblesses d'opinions, les corruptions morales qui les divisaient.

Avant que l'on pût comprendre les vastes desseins de sa pensée, il professa les règles élémentaires du gouvernement démocratique dans toutes les discussions spéciales qui occupèrent l'Assemblée constituante. Ce sont toutes ces opinions émises dans ses premiers discours, qui, plus tard, combinées dans leur ensemble, formèrent le plan d'une constitution dont l'accomplissement eût sans doute changé les destinées de l'Europe, sans la chute subite de la révolution au 9 thermidor.

Il importe donc de suivre le développement de ses idées dans ses discours, dans ses motions à la tribune ou dans l'assemblée fameuse qui tenait ses séances à l'ancien couvent des Jacobins. Sa pensée se démontre d'elle-même, sans qu'il faille l'envelopper de commentaires, ni chercher, par des déductions hasardées, à deviner les fins de ses vues.

Quand l'assemblée nationale s'occupa d'une loi nouvelle sur les successions, Robespierre fut encore le premier à se prononcer contre l'inégalité qui résultait, dans les successions, de la faculté de tester. Non-seulement il démontra les vices de la loi qui permettait de favoriser un héritier au préjudice des autres, pour soutenir l'orgueil et la vanité d'un nom; non-seulement il discuta cette question en légiste, et établit la nécessité de décréter une loi nouvelle, parceque l'égalité dans les successions, quoique de principe dans les pays de droit écrit, était illusoire et éludée par la loi qui permettait à l'homme de disposer de tous ses biens; mais il s'éleva à de plus hautes considérations, et abandonnant les simples raisons de droit, les vues restreintes du légiste, il approfondit l'effet de ce droit en grand législateur, qui calcule dans les moindres choses la portée des principes.

« Vous avez décrété, dit-il, que l'égalité serait la base des
» successions; permettrez-vous que cette loi soit violée par
» la volonté particulière de l'homme? Conserverez-vous la fa-
» culté de disposer, et quelles en seront les bornes? Il est bon
» de jeter un coup d'œil sur l'état actuel de la législation sur
» ce point. Dans certains pays, la faculté de tester a la
» plus grande latitude; dans d'autres elle est interdite avec
» rigueur. C'est entre ces deux coutumes que vous avez à
» opter; car votre intention n'est pas de conserver deux
» lois et des principes contradictoires. L'une de ces lois est
» fondée sur le vœu de la nature, qui exige l'égalité entre les

» enfans; mais ce n'est pas là le principe fondamental de
» cette loi; il en existe un autre d'une importance majeure
» dans l'état politique, et qui s'applique même aux succes-
» sions collatérales. Ce principe, c'est que la trop grande
» inégalité des fortunes est la source de l'inégalité politique,
» de la destruction de la liberté. D'après ce principe, les lois
» doivent toujours tendre à diminuer cette inégalité, dont
» un certain nombre d'hommes font l'instrument de leur
» orgueil, de leurs passions et souvent de leurs crimes. Les
» grandes richesses corrompent et ceux qui les possèdent et
» ceux qui les envient. Avec les grandes richesses, la vertu
» est en horreur. Le talent même, dans les pays corrompus
» par le luxe, est regardé moins comme un moyen d'être
» utile à la patrie, que comme un moyen d'acquérir de la
» fortune. Dans cet état de choses, la liberté est une vaine
» chimère; les lois ne sont qu'un instrument d'oppression.
» Vous n'avez donc rien fait pour le bonheur public, si
» toutes vos lois, toutes vos institutions ne tendent pas à
» détruire cette trop grande inégalité des fortunes. »

Robespierre ne demandait cependant pas que la faculté
de tester fût entièrement prohibée : il voulait qu'elle fût
restreinte à une quotité déterminée des biens du testateur;
c'est le principe de la loi sur les successions en vigueur depuis
la révolution.

Après l'égalité dans les fortunes, c'est l'égalité dans les
droits civils et politiques qu'il ne cesse de réclamer pour le
peuple. Dans la discussion sur l'organisation de la garde
nationale, il demande que tous les citoyens domiciliés, sans
distinction, aient le droit de se faire inscrire sur les contrô-
les. Le projet présenté, non-seulement excluait une classe
de citoyens de ce droit, mais il allait jusqu'à interdire le
port d'armes aux citoyens *non-actifs*, et tendait par consé-

quent à former un vaste corps armé pour asservir le reste de la nation, et remettre la force publique dans les mains d'une classe, à la disposition du pouvoir exécutif, par des voix indirectes. « Tous les citoyens, dit Robespierre, ne sont-ils
» pas également enfans de la patrie? quels sont ceux que
» vous jugerez incapables de porter les armes. Teniez-vous
» ce langage lorsqu'ils se sont armés pour vous défendre,
» lorsqu'ils ont fait la révolution ? »

Il demande encore pour ces citoyens que l'on appelait *non-actifs*, le droit de pétition. Ce droit leur était vivement contesté; mais, prouvant que ce n'était pas un droit politique, que c'était un droit naturel à l'homme, Robespierre le réclame surtout en faveur de la classe la plus pauvre et la plus faible, qui est aussi celle qui, le plus souvent opprimée, a le plus besoin de la protection des mandataires du peuple.

Robespierre allait ainsi en conquérant, l'un après l'autre, tous ces grands principes que les spoliateurs des droits du peuple n'ont pu rejeter des institutions actuelles, parce que leur vérité et leur équité étaient trop incontestables. On doit à ce législateur la plupart des plus importantes améliorations introduites dans le système politique et dans les lois. Cependant toutes les grandes mesures d'ordre et de liberté qu'il provoqua n'ont pas survécu à la jeune république, amenée par force sur cette terre d'esclavage, où la liberté ne sera jamais qu'un vain mot et la démocratie une chimère.

Une motion de Robespierre tendante à faire décréter que les membres actuels de l'assemblée nationale ne pourraient être réélus à la première législature, fut accueillie avec enthousiasme par ces représentans qui avaient, par momens, de sublimes élans patriotiques; cette mesure renfermait une grande sagesse, une grande prévoyance en faveur de la li-

berté; c'était le même esprit, qui, chez les Romains, ne
permettait pas que l'on pût être élu deux fois de suite aux
charges curules. Les Romains des premiers siècles conservèrent leur liberté en sacrifiant impitoyablement tous les intérêts particuliers à leur humeur ombrageuse. Robespierre,
pour motiver son opinion, dit que tous les grands législateurs
s'étaient fait un devoir de se dérober eux-mêmes à la reconnaissance; que ceux qui fixaient les destinées des nations
devaient s'isoler de leur propre ouvrage. On objectait que ce
serait priver l'assemblée suivante des grands orateurs, des
hommes utiles par leurs lumières; mais, dit Robespierre ,
« ce n'est point dans l'ascendant des orateurs qu'il faut placer
» l'espoir du bien public, mais dans les lumières et dans le
» civisme des assemblées représentatives. L'influence de
» l'opinion publique et de l'intérêt général diminue en pro-
» portion de celle que prennent les orateurs; et quant ceux-
» ci parviennent à maîtriser les délibérations, il n'y a plus
» d'assemblée, il n'y a plus qu'un fantôme de représen-
» tation; alors se réalise le mot de Thémistocle, lorsque
» montrant son fils, il disait : voilà celui qui gouverne la
» Grèce; cet enfant gouverne sa mère, sa mère me gouver-
» ne, je gouverne les Athéniens, et les Athéniens gouvernent
» la Grèce. Ainsi une nation de vingt-cinq millions d'hom-
» mes serait gouvernée par l'assemblée représentative, celle-
» ci par un petit nombre d'orateurs adroits; et par qui les
» orateurs seraient-ils gouvernés? Je n'ose le dire...je n'aime
» point que des hommes habiles puissent, en dominant une
» assemblée, préparer, assurer leur domination sur une
» autre, et perpétuer ainsi un système de coalition, qui est
» le fléau de la liberté. J'ai de la confiance en des représen-
» tans qui, ne pouvant étendre au delà de deux ans les vues
» de leur ambition, seront forcés de la borner à la gloire

» de servir leur pays et l'humanité, de mériter l'estime et
» l'amour des concitoyens parmi lesquels ils sont sûrs de
» retourner à la fin de leur mission. Je me défierais de ceux
» qui pendant quatre ans resteraient en butte aux séductions
» du pouvoir, aux tentations de l'orgueil et de la cupidité...
» Rien n'élève l'esprit du peuple, rien ne forme les mœurs
» publiques comme les vertus des législateurs. »

L'assemblée vota l'impression de ce discours et décréta, à la presque unanimité, que ses membres ne pourraient être réélus à la première législature. Le même motif avait déjà fait décréter que le pouvoir exécutif ne pourrait appeler au ministère des représentans de la nation. C'est encore en vue d'empêcher toute corruption dans les représentans, que Robespierre demanda une autre fois que l'on décrétât l'incompatibilité de la députation avec toute espèce d'emploi public.

Dans la discussion de l'acte constitutionnel, qui s'ouvrit le 8 août 1791, Robespierre critiqua le projet en ce qui concernait les assemblées primaires et la nomination des électeurs; l'art 7 du projet portait que nul ne pourrait être électeur, s'il ne réunissait, aux conditions nécessaires pour être citoyen *actif*, celle de payer une contribution directe de quarante journées de travail.

« Vous avez reconnu, dit-il, que tous les citoyens étaient
» admissibles à toutes les fonctions, sans autre distinction
» que celle des vertus et des talens. A quoi nous sert cette
» promesse, puisqu'elle a été violée sur-le-champ ? Que nous
» importe qu'il n'y ait plus de noblesse féodale, si vous y
» substituez une distinction plus réelle à laquelle vous atta-
» chez un droit politique ? et que m'importe, à moi, qu'il
» n'y ait plus d'armoiries, s'il faut que je voie naître une
» nouvelle classe d'hommes à laquelle je serai exclusivement

» obligé de donner ma confiance ? Cette distinction permet-
» trait de douter de votre bonne foi, de votre loyauté. Je
» conviens cependant qu'il faut une garantie qui rassure
» contre les électeurs ; mais est-ce la richesse? L'indépen-
» dance et la probité se mesurent-elles à la fortune? Un ar-
» tisan, un laboureur qui paient dix journées de travail,
» voilà des hommes plus indépendans que le riche, parce
» que leurs besoins sont encore plus bornés que leur fortune.
» Apprenez donc à connaître la dignité de l'homme dans tout
» être qui n'est pas noté d'infamie ; il n'est pas vrai qu'il
» faille être riche pour tenir à son pays. La loi est faite pour
» protéger les plus faibles, et n'est-il pas injuste qu'on leur
» ôte toute influence dans sa confection ? Pour vous décider,
» souvenez-vous quels sont ceux qui vous ont envoyés ; leurs
» droits étaient-ils calculés sur un marc d'argent, sur un demi-
» marc d'argent ? Je vous rappelle au titre de votre convoca-
» tion : *Tout Français payant une imposition quelconque,*
» *devra être admis à choisir les électeurs.* Ne sommes-nous
» donc pas purs, nous qui avons été choisis par des électeurs
» qui ne payaient rien ? »

Dans les premiers mois de 1792, Robespierre fut nommé accusateur public près le tribunal criminel de Paris. Dans l'exercice de ces fonctions, il ne montra pas le caractère qu'on lui suppose, et ces fonctions lui répugnaient tellement qu'il les résigna. Au 10 août, il fut nommé commissaire de la ville de Paris. On lui imputerait à tort d'avoir pris une part quelconque aux événemens de septembre. Il n'était même pas à la Commune dans les journées terribles ; il se trouvait à la séance d'une assemblée électorale, et il n'apprit ces événe-mens que par le bruit public.

Après avoir, pendant deux ans, poursuivi les fins de la révolution avec ardeur ; après avoir guidé l'esprit de l'Assemblée constituante vers les grandes réformes; après avoir dominé par ses principes dans le club des Jacobins, si utile à la révolution; après avoir enfin combattu bien des factions qui s'élevaient au sein de l'Assemblée, et même au dehors, Robespierre entra, comme chef du parti républicain, dans la Convention nationale, assemblée nouvelle qu'il avait provoquée comme le seul moyen de sortir des incertitudes et des difficultés de la situation où l'on se trouvait.

Bien que la Convention fût révolutionnaire et républicaine, elle était encore impropre à réaliser un gouvernement définitif et durable. Après des travaux précipités, dont la plupart ne manquent cependant ni de sagesse ni de grandeur, elle se recueillait en elle-même, et sentait les tiraillemens de ses divisions. Elle avait dans son sein des membres purs et pleins d'énergie, elle en avait de corrompus et de stupides; elle avait de secrets ennemis de la révolution, des lâches qui s'abandonnaient aux mauvaises pensées; des traîtres qui fomentaient la haine et la mésintelligence, et qui rêvaient un autre ordre politique. Voilà sans doute la cause de tant d'aberrations, de tant de décrets barbares dont on charge à tort la mémoire de Robespierre. Aussi Robespierre trouva cette assemblée mauvaise; il la trouva cruelle par ses haines et ses peurs, faible par l'effet de sa corruption. Cette assemblée prenait ombrage de tout; elle était querelleuse et grondait à tout propos, parce qu'elle était intérieurement tourmentée. C'est dans ces dispositions qu'elle entendit, en septembre 1792, accuser Robespierre d'aspirer à la dictature. Robespierre monta à la tribune pour se justifier, et dit, après avoir rappelé tout ce qu'il avait fait, comme la meilleure preuve de son patriotisme : « qu'un homme qui avait longtemps lutté contre tous les partis avec un courage *âcre* et *inflexible*, sans ménager personne, devait être en butte à la haine et aux persécutions de tous les ambitieux, de tous les intrigans. »

On n'alléguait contre Robespierre aucun fait, aucune raison plausible. Sa justification fut donc facile. Il est présumable que les Girondins, dont il avait dévoilé les complots ou les mauvais desseins, voulaient le perdre. Ce sont eux aussi qui rejetèrent sur Robespierre et Marat toutes les sanglantes péripéties de la révolution. Déjà, à l'occasion de cette première attaque contre Robespierre, on voulut assumer sur lui seul des faits ou des conséquences auxquels il était resté complétement étranger. Le peuple fut dupe de ces calomnies d'un parti qui n'avait de douceur et d'humanité que dans le langage, et qui voulut se montrer innocent en accusant un parti dont la franchise dédaignait ces moyens de popularité. « Cessez, disait Robespierre à ses accusateurs, d'agiter » à mes yeux la robe sanglante de César, ou je croirai que » vous voulez remettre Rome dans les fers ! »

Quand au projet de dictature, qui fut le sujet de plusieurs accusations successives, on ne peut dire que Robespierre l'ait conçu; mais cela serait, qu'il ne faudrait point juger Robespierre comme un ambitieux, et le comparer à Cromwel. Une dictature avait paru à quelques esprits, des plus clairvoyans, le seul moyen d'établir, d'installer la république.

Ce qui donnait peut-être de l'ombrage à la Convention, et quelque apparence de fondement à l'accusation portée contre Robespierre, c'est l'ascendant qu'il avait dans la société patriotique des Jacobins; mais cet ascendant n'était dû qu'à ses opinions adoptées par les membres de cette société, qui reconnaissaient en lui le chef du parti révolutionnaire, qui le considéraient comme le seul homme capable de diriger les derniers efforts vers la république. Et, sans l'envie, la colère et la rancune des Girondins, il eût acquis le même ascendant dans la Convention, où il eût exercé, comme aux Jacobins, ce qu'il appelait l'empire naturel des principes; et alors peut-être, sans recourir à la dictature, eût-il fait agir l'assemblée avec assez d'énergie et d'union pour fonder la république sur les bases qu'il avait conçues.

Ces funestes rumeurs élevées contre Robespierre s'étant dissipées, il reprit le cours de ses travaux avec le même zèle et la même vertu. Il n'était pas de ces philantropes à systèmes, rêveurs innocens et vains, mais de ces génies puissans, qui résolvent les questions d'humanité, de bonheur social, par des améliorations réelles. Jamais aucun peuple n'eut de plus zélé défenseur, jamais les opprimés, les pauvres n'eurent de plus sincère protecteur. On peut en trouver une nouvelle preuve dans son discours sur les subsistances, prononcé le 2 décembre 1792. Ce n'est pas un système qu'il développe sur ce sujet, ce sont les idées les plus simples et les plus raisonnables; il dit que dans un pays comme la France, où la nature fournit suffisamment aux besoins des hommes, la disette ne pouvait être imputée qu'aux vices de l'administration ou des lois; que la disette actuelle devait donc être une disette factice. Il rejeta tous les systèmes passés, la mesure des primes, favorable seulement aux *sangsues du peuple*, la liberté indéfinie du commerce, et l'emploi des baïonnettes pour calmer les alarmes et apaiser la faim. Il dit « que nul homme n'avait le » droit d'entasser des monceaux de blés à côté de son » semblable qui mourait de faim; » que le premier des droits de l'homme était celui d'exister, que la première loi sociale était donc celle qui garantissait à tous les membres de la société les moyens d'exister; que tout ce qui était nécessaire pour conserver la vie devait être une propriété commune à la société entière; que l'excédant seul pouvait être une pro-

priété individuelle, abandonnée à l'industrie des com—
merçans, que les lois devaient arrêter la main homicide des monopoleurs, comme celle des assassins ordinaires.
En conséquence, il demanda l'anéantissement des monopoles, des accaparemens, la libre circulation des grains, et
des mesures efficaces pour ôter à la cupidité et l'intérêt
et la facilité de les opérer. Puis il termina son discours par
ces paroles remarquables :

« Le plus grand service que le législateur puisse rendre
» aux hommes, c'est de les forcer à être honnêtes gens. Le
» plus grand intérêt de l'homme n'est pas d'amasser des
» trésors, et la plus douce propriété n'est point le droit de
» dévorer la subsistance de cent familles infortunées. Vous,
» législateurs, souvenez-vous que vous n'êtes point les re-
» présentans d'une caste privilégiée, mais ceux du peuple
» français. N'oubliez pas que la source de l'ordre, c'est la
» justice ; que le plus sûr garant de la tranquillité publique,
» c'est le bonheur des citoyens ; que les longues convulsions
» qui déchirent les états, ne sont que le combat des préju-
» gés contre les principes, de l'égoïsme contre l'intérêt géné-
» ral, de l'orgueil et des passions des hommes puissans con-
» tre les droits et contre les besoins des faibles. »

Dans la discussion du procès de Louis XVI, Robespierre
se distingua par l'énergie de ses motions et la force des
moyens qu'il opposa au système insidieux de l'inviolabilité,
ou aux difficultés de formes, dont le danger était de mettre
en discussion la révolution elle-même. Il ramena la question à ses vrais termes, et désespéra les royalistes qui s'api-
toyaient moins sur la perte d'un homme, naguère roi, que
sur la perte de la royauté et des vieilles institutions. « Il
» n'y a point ici de procès à faire, dit Robespierre ; Louis
» n'est point un accusé, vous n'êtes point des juges.......

» Vous n'avez pas une sentence à rendre, mais une mesure
» de salut public à prendre, un acte de Providence natio-
» nale à exercer..... Quel est le parti que la saine politique
» prescrit pour cimenter la République? C'est de graver
» profondément dans les cœurs le mépris de la royauté, et
» de frapper de stupeur les partisans du roi. Donc, présen-
» ter à l'univers son crime comme un problème, sa cause
» comme l'objet de la discussion la plus imposante, la plus
» religieuse, la plus difficile qui puisse occuper les repré-
» sentans du peuple français, c'est le rendre encore dange-
» reux à la liberté. Louis fut roi, et la République est fon-
» dée. La question est décidée par ces deux mots : Il est dé-
» trôné pour ses crimes; il est condamné, ou la république
» n'est pas absoute. S'il peut être présumé innocent, que
» devient la révolution? Citoyens, prenez-y-garde, vous êtes
» trompés par de fausses notions, vous confondez les règles
» du droit civil avec les principes du droit des gens, vous
» confondez les relations des citoyens entre eux, avec les
» rapports entre des nations et un ennemi qui conspire con-
» tre elle; vous confondez encore la situation d'un peuple
» en révolution, avec celle d'un peuple dont le gouverne-
» ment est affermi... Ce n'est pas la moindre cause des
» troubles qui nous agitent, que cette contradiction entre
» la faiblesse de nos mœurs, la dépravation de nos esprits,
» la pureté des principes, et l'énergie des caractères que
» suppose le gouvernement libre auquel nous osons
» prétendre. »

Si l'on ne trouvait dans le discours de Robespierre les
motifs et l'explication de sa pensée, on les trouverait dans
les opinions qu'il avait déjà émises sur la souveraineté du
peuple et le droit naturel. Il est juste, en effet, de considérer que, par cela même que les rois se mettent en dehors

des lois civiles, et du droit commun, qu'ils renient toute
identité d'origine avec les droits du peuple, et n'invoquent
jamais que le droit divin, ou le droit de conquête, ou la
possession, ou enfin leur épée, le peuple peut mettre un
roi hors la loi. « Le procès du tyran, disait encore Robes-
» pierre, c'est l'insurrection; son jugement, c'est l'abo-
» lition de sa puissance; sa peine, celle qu'exige la liberté
» du peuple... Les peuples ne rendent point de sentence;
» ils lancent la foudre; ils ne condamnent pas les rois, ils
» les replongent dans le néant. »

On invoquait en faveur de Louis XVI, les exemples fournis par l'histoire, les procès faits à des rois ou à des prin-
ces, par d'autres tyrans. Robespierre démontra que ces
précédens n'étaient pas à suivre, parce que les tyrans qui
immolent leurs pareils, non au peuple, mais à leur ambition ou à leur vengeance, cherchent à tromper l'opinion du
vulgaire par des formes illusoires. « Nous invoquons des
» formes parce que nous n'avons pas de principes; nous nous
» piquons de délicatesse, parce que nous manquons d'éner-
» gie; nous étalons une fausse humanité, parce que le sen-
» timent de la véritable humanité nous est étranger; nous
» révérons l'ombre d'un roi, nous ne savons pas respecter
» le peuple; nous sommes tendres pour les oppresseurs,
» parce que nous sommes sans entrailles pour les opprimés. »

En voulant changer le procès en question d'humanité,
en faisant un appel aux sentimens généraux des cœurs, on
aigrissait les vrais républicains, qui ne comprenaient pas
cette bassesse de la vénération pour les rois, cet attendris-
sement sur le sort d'un homme détrôné, quand les cœurs
étaient sans émotions, les yeux sans larmes pour les plus
touchantes infortunes, pour les malheureux si nombreux
que les rois plongeaient dans la misère, dans les cachots,

dans le silence et l'oubli de la tombe. Oh! sans doute, le plus rigide des républicains n'eût pas demandé la mort de Louis XVI, si l'on n'avait imprudemment voulu le soustraire à cette peine, parce qu'il avait été roi, ou plutôt, sauver en lui la royauté. C'est ainsi que le dit lui-même Robespierre :

« J'ai senti chanceler en mon cœur la vertu républicaine, » en présence du coupable humilié devant la puissance sou- » veraine, mais je vous rappelle à l'intérêt suprême du salut » public... Quel est le motif qui vous force à vous occuper » de Louis? Ce n'est pas le desir d'une vengeance indigne de » la nation; c'est la nécessité de cimenter la liberté publi- » que.... Votre rigueur sera la mesure de l'audace ou de la » crainte des despotes étrangers avec vous; elle sera le gage » de notre servitude ou de notre liberté. »

Il se prononça ensuite contre la proposition de l'appel au peuple, qui ne lui paraissait qu'un moyen de retourner au despotisme par l'anarchie, de rendre incurable la maladie du royalisme. Il ajoute « que les despotes coalisés vien- draient surprendre la nation fatiguée, épuisée, agitée par les scandaleuses dissensions que l'on voulait faire naître de cet appel au peuple. »

Le 25 mars 1793, Robespierre fut nommé membre de ce comité de salut public, dont l'énergie sauva la républi- que naissante des plus sourdes et des plus redoutables at- taques. On ne connaît pas toutes les batteries qui furent dressées contre le gouvernement républicain; en les con- naissant mieux, on s'étonnera que ce gouvernement ait gardé toute sa puissance jusqu'au 9 thermidor. Il fallut à Robespierre tout le courage de son caractère, toute l'ardeur de son intelligence, pour qu'en dirigeant les efforts de ce comité, il parvînt à déjouer les complots des ennemis intérieurs, des généraux, des royalistes, des émigrés, des rois de l'Europe; pour qu'il prévînt toutes les funestes combinaisons que l'on cherchait à donner aux événemens, en apparence insignifians, mais qui auraient eu de graves conséquences; en un mot, il fallut que sa pensée infatigable se portât sur tous les dangers à la fois, sur tous les périls cachés. La guerre que l'on faisait à la république n'était pas seulement une guerre ouverte, un combat au grand jour; c'était encore mille trahisons, des conspirations, des tactiques infâmes, la corruption par l'or des étrangers, la calomnie, le mensonge, la sottise du peuple; enfin la république était un vaisseau lancé sur une mer, pleine d'écueils, au milieu de la tempête, luttant contre tous les élémens à la fois.

Tel était l'état des choses, quand Robespierre, ayant acquis une prépondérance et un ascendant que lui avaient valus son talent et la pureté de ses principes, dirigea les travaux de la convention; et c'est alors aussi qu'au milieu des plus grandes alarmes qui agitaient encore le pays, au bruit du canon tonnant aux frontières, et des rumeurs d'un peuple inconstant et souvent rebelle à la raison, il s'occupa de développer les principes qui devaient être les fondemens de la république.

La discussion sur la déclaration des droits et sur la constitution s'étant ouverte, Robespierre aborda brusquement la plus irritante des questions que l'on osait alors débattre avec franchise, la question de la propriété. D'abord, par précaution oratoire, il rassure les *âmes de boue qui n'estiment que l'or*, en leur disant qu'il n'a nullement en vue de toucher à leurs trésors, quelque impure qu'en soit la source. Quant à la loi agraire dont on parlait tant, il proteste que ce n'est là « qu'un vain fantôme, créé par les fripons, pour épouvanter les imbéciles. » Il est difficile, en effet, de savoir l'idée précise que l'on attachait à ce mot. Chez les Romains la loi agraire n'était relative qu'au partage des terres conquises sur les ennemis, réunies au territoire de Rome, et que les patriciens s'étaient illégalement appropriées. La cause du peuple qui demandait ce partage fut la plus juste des causes. En France, il n'y avait pas de terres de conquête, si ce n'étaient les terres féodales usurpées anciennement par la force. Personne ne songeait au partage de tout le territoire de la république. Le mot de *loi agraire* n'avait pas de sens. Laissant de côté ce point étranger à la question, Robespierre dit ensuite qu'il n'avait pas fallu une révolution pour apprendre que l'extrême disproportion des fortunes était contraire au bien social; que c'était cette grande inégalité que les gouvernemens républicains devaient toujours empêcher; car elle est fatale à la liberté : mais l'égalité absolue des biens n'en était pas moins une chimère aux yeux de Robespierre. « Pour moi, dit-il, je la crois » encore moins nécessaire au bonheur privé qu'à la félicité » publique. Il s'agit bien plus de rendre la pauvreté hono- » rable, que de proscrire l'opulence. »

Pour définir en général les idées que se font les hommes sur le droit de propriété, Robespierre démontre que chaque peuple, chaque individu, a sur ce sujet des principes qui sont également inadmissibles. « Demandez, dit-il, à un » marchand d'esclaves, ce que c'est que la propriété : il vous » montrera ses esclaves; interrogez ce gentilhomme qui a » des terres et des cerfs, ou qui croit l'univers bouleversé » depuis qu'il n'en a plus, il vous donnera des idées à peu » près semblables. Interrogez les membres de la dynastie » capétienne, ils vous diront que la plus sacrée de toutes » les propriétés, c'est le droit héréditaire dont ils ont joui

» depuis l'antiquité, de gouverner la France selon leur bon
» plaisir. »

Dans son projet de déclaration des droits, il propose de
déterminer ainsi le droit de propriété :

« La propriété est le droit qu'a chaque citoyen de jouir
et de disposer de la portion de bien qui lui est garantie par
la loi.

» Le droit de propriété est borné, comme tous les autres,
par l'obligation de respecter les droits d'autrui.

» Il ne peut préjudicier à la sûreté, ni à la liberté, ni à
l'existence, ni à la propriété de nos semblables.

» Toute possession et tout trafic qui violent ce principe
sont illicites et immoraux. »

Il propose ensuite de consacrer la base de l'impôt pro-
gressif, ou l'obligation pour les citoyens de contribuer aux
dépenses publiques, progressivement selon l'étendue de
leur fortune, c'est-à-dire selon les avantages qu'ils retirent
de la société, et de consigner ce principe dans un article
conçu en ces termes :

« Les citoyens dont les revenus n'excèdent point ce qui
est nécessaire à leur subsistance, doivent être dispensés de
contribuer aux dépenses publiques, les autres doivent les
supporter progressivement selon l'étendue de leur fortune. »

Dans la suite de la discussion sur la constitution, il changea
d'opinion sur ce projet d'affranchir les pauvres de toute
contribution, et expliqua la raison de cette modification de
principe, en disant que c'était en quelque sorte avilir la
portion la plus pure de la nation, que de la décharger de
toute contribution ; que c'était créer une classe d'ilotes à laquelle on dirait que, ne contribuant pas aux charges publiques, elle ne devrait pas partager les bienfaits du gouvernement. Il demanda alors que le denier de la veuve et celui

de l'indigent fussent fournis à la veuve et à l'indigent par la patrie, pour être reversés dans le trésor public. Au fond c'était une chose illusoire pour les pauvres, mais c'était toujours une bonne pensée de morale.

Pour base de tous les autres droits de l'homme, Robespierre prenait l'égalité, le pouvoir d'exercer ses facultés selon la justice et la nature, le pouvoir de s'assembler paisiblement, la liberté des opinions, et les grands principes consignés dans les articles de son projet, que voici :

« Art 13. La société est obligé de pourvoir à la subsistance de tous ses membres, soit en leur procurant du travail, soit en assurant les moyens d'exister à ceux qui sont hors d'état de travailler.

« Article 16. La société doit favoriser de tout son pouvoir les progrès de la raison publique, et mettre l'instruction à la portée de tous les citoyens.

« Article 17. La loi est l'expression libre et solennelle de la volonté du peuple.

« Article 18. Le peuple est souverain. Le gouvernement est son ouvrage ; le peuple peut, quand il lui plaît, changer son gouvernement, et révoquer ses mandataires.

« Art 19. Aucune portion du peuple ne peut exercer la puissance du peuple entier.

« Article 20. La loi doit être égale pour tous.

« Article 21. Tous les citoyens sont admissibles à toutes les fonctions publiques, sans autre distinction que celle des vertus et des talens, sans autre titre que la confiance du peuple. »

L'article 22 portait que tous les citoyens seraient électeurs et éligibles ; l'article 23, que tous les fonctionnaires seraient salariés, afin que les emplois fussent accessibles aux citoyens pauvres comme aux riches.

Les articles 25 et 27 consacraient le droit de résistance légale contre tous les actes arbitraires, le droit de résistance à l'oppression.

D'après l'article 28, il y avait oppression contre la société lorsqu'un seul membre était opprimé, comme lorsqu'un seul opprimait toute la société.

» Article 29. Lorsque le gouvernement viole les droits du peuple, l'insurrection est le plus sacré des droits et le plus indispensable des devoirs.

» Article 30. Quand la garantie sociale manque à un citoyen, il rentre dans le droit naturel de défendre lui-même tous ses droits.

» Article 32. Les fonctions publiques ne peuvent être considérées comme des distinctions, ni comme des récompenses, mais comme des devoirs publics. »

Enfin, par l'article 33, les mandataires du peuple étaient déclarés justiciables du peuple, qui pouvait les déclarer indignes et les punir.

C'est surtout dans la discussion sur la constitution de la république, que Robespierre développa ses idées sociales, et formula ses principes trop vaguement compris par la convention. Dans l'une des premières séances consacrées à cette discussion, il prononça un discours remarquable, dont l'exorde seul peut donner une idée :

« L'homme, dit-il, est né pour le bonheur et la liberté, » et partout il est esclave et malheureux. La société a pour » but la conservation de ses droits et la perfection de son » être, et partout la société le dégrade et l'opprime. Le mo-» ment est arrivé de le rappeler à ses véritables destinées. » Les progrès de la raison humaine ont préparé cette grande » révolution, et c'est à vous qu'est imposé le devoir de l'ac-» célérer. Pour le remplir, il faut faire précisément tout le

» contraire de ce qui a existé avant vous. Jusqu'ici l'art de
» gouverner n'a été que l'art de dépouiller et d'asservir le
» grand nombre au profit du petit nombre, et la législation
» le moyen de réduire ces attentats en système. Les rois, les
» aristocrates ont très bien fait leur métier; c'est à vous
» maintenant de faire le vôtre, c'est-à-dire de rendre les
» hommes heureux, libres par les lois. »

Puis, jetant un long regard sur le passé des peuples, il
voit qu'en vain les gouvernemens ont été institués pour
représenter la volonté générale : que l'ambition, la force, la
perfidie ont été les législateurs du monde ; que le despotisme
a produit la corruption des mœurs. « Dans cet état de cho-
» ses, la raison n'est plus que folie, l'égalité anarchie, la
» liberté désordre, la nature chimère, le souvenir des droits
» de l'humanité révolte. Alors on a des bastilles et des
» échafauds pour la vertu, des palais pour la débauche, des
» trônes pour le crime; alors on a des rois, des prêtres, des
» nobles, des bourgeois, de la canaille; point de peuple et
» point d'hommes. »

Il flétrit ensuite énergiquement l'égoïsme, la sottise, la
vanité des distinctions si profondément enracinés dans les
âmes; la bassesse de ces esclaves orgueilleux, rampant un
jour devant un maître, et un autre jour foulant aux pieds
leurs semblables; puis s'iterrompant tout-à-coup : « La
» voix de la vérité qui tonne dans les cœurs corrompus res-
» semble aux sons qui retentissent dans les tombeaux, et
» qui ne réveillent pas les cadavres. » Enfin, laissant le triste
tableau des faiblesses et des misères de l'esprit des hommes,
il s'attache à démontrer que la corruption des gouvernemens
a pour cause l'excès de leur pouvoir et leur trop grande indépendance, et propose de modérer d'abord la puissance des
magistrats. Il n'est point partisan des deux seuls moyens

que l'on eût conçus jusqu'à nos jours pour remédier aux abus de l'autorité, c'est-à-dire le tribunat, conception des Romains, et l'équilibre des pouvoirs, conception des Anglais, que les Français, dans leur engouement, dans leur fatale manie de tout imiter, ont adoptée. Robespierre considéra le tribunat comme inutile, puisqu'il ne voulait pas de patriciens ; et quant à la pondération ou à l'équilibre des pouvoirs dont la constitution anglaise était un exemple, il fit remarquer qu'elle supposait en réalité la nullité absolue du gouvernement, puisque l'action étant la vie d'un gouvernement, l'équilibre ne tendait qu'à détruire toute action ; que les pouvoirs équilibrés n'existaient que parce qu'ils se liguaient toujours contre le peuple. D'ailleurs, il repousse cette forme de gouvernement monstrueux « où les vertus » publiques ne sont qu'une scandaleuse parade, où le fan- » tôme de la liberté anéantit la liberté même, où la loi » consacre le despotisme, où les droits du peuple sont l'ob- » jet d'un trafic avoué, où la corruption est dégagé du frein » même de la pudeur ; eh ! que nous importe les combinai- » sons qui balancent l'autorité des tyrans ? »

Pour arrêter les débordemens de la puissance des magistrats, Robespierre propose de poser pour règles, que la durée de leur pouvoir soit courte, surtout pour ceux dont l'autorité est plus étendue ; que nul ne puisse exercer en même temps plusieurs magistratures ; que le pouvoir soit divisé et confié à des mains différentes ; que les diverses branches de l'exécution soient elles-mêmes distinguées suivant leur nature ; que les dépositaires du pouvoir exécutif ne puissent avoir aucune autorité, ni aucune influence étrangères à leurs fonctions ; qu'aucun fonctionnaire public ne puisse ni assister, ni voter aux assemblées du peuple ; que les trésors publics soient éloignés de leurs mains et confiés à des dépositaires qui ne puissent eux-mêmes participer à aucune autorité; que les revenus publics dont le versement n'est pas nécessaire dans le trésor général, soient laissés dans les départemens, sous la main du peuple; que les dépenses soient acquittées sur les lieux, autant que possible; qu'il ne puisse jamais être accordé à ceux qui gouvernent de fonds extraordinaires, sous quelque prétexte que ce soit; à ce sujet, Robespierre parlant de la presse subventionnée, dit : « Toutes » ces manufactures d'esprit public ne fournissent que du » poison; il ne faut pas perdre de vue que c'est à l'opinion » publique à juger les hommes qui gouvernent, et non à » eux à maîtriser et à créer l'opinion publique. »

Un autre moyen proposé par Robespierre pour empêcher les abus du pouvoir, c'était de laisser aux individus, aux familles, le droit de faire tout ce qui ne peut nuire à autrui; de laisser aux communes le pouvoir de régler elles-mêmes leurs propres affaires et tout ce qui ne tient pas essentiellement à l'administration générale de la république; de rendre à la liberté individuelle tout ce qui n'appartient pas naturellement à l'autorité publique.

Enfin Robespierre proposait la responsabilité sérieuse de tous les fonctionnaires publics, et pour la rendre sérieuse, la publicité, l'obligation pour les agens du gouvernement de rendre des comptes exacts et circonstanciés de leur gestion.

Quand la France repoussait héroïquement loin de ses frontières l'Europe ameutée, elle n'avait pas ces adroits diplomates qui sont la ressource des gouvernemens monarchiques; dont le talent n'est que dissimulation et fourberie; elle n'avait pas non plus ces conciliabules secrets où se balance entre potentats la force des empires, mais elle avait une armée valeureuse, du fer et du plomb, et les

hommes qui dirigeaient l'état enseignaient tout haut les règles de leur conduite. C'est ainsi que Robespierre, dans un
rapport fait au nom du comité de salut public, sur la situation
de la république, montra sa position réelle envers les autres
puissances de l'Europe. Pour arriver à une juste appréciation
de cette position, il examina, sans rien dissimuler, toutes les
relations politiques des états Européens, et leurs situations
respectives. De cet examen il tira des déductions fort justes
sur les ressources que ces états pourraient épuiser contre la
France; sur les neutralités qui résulteraient de leurs différentes situations; sur les alliances que des circonstances
impérieuses assuraient à la France. Puis il examina la situation intérieure de la république, pour donner une idée de
ses forces redoutables, en les comparant à celles qui pouvaient résulter des combinaisons des puissances ennemies.

Robespierre lut, quelques jours après, un projet de réponse aux manifestes des rois ligués contre la République,
qui fut adopté avec acclamation par la convention.

Les rois accusaient le peuple français d'immoralité.
« Qu'est-ce donc, s'écrie Robespierre que la morale des rois,
» juste ciel ? et la vertu des courtisans? » Il cite les noms de
tant de rois cruels et infâmes, dont le souvenir souille l'histoire du monde. Et, en effet, qui n'est saisi d'horreur aux
souvenirs des cruautés, des sanglantes colères, des empoi-
sonnemens, des trahisons, des tyrannies, des honteuses
débauches, des perfidies, des turpitudes de tous les rois de
l'Europe ? Les rois accusaient encore le peuple français
d'irréligion. Mais quelle est, demande Ropespierre, la religion des rois? La religion n'est pour eux qu'un moyen de
domination. Il compare ensuite la valeur du peuple français
à celles des rois et de leurs sujets. « Le peuple français, dit-

» il, depuis qu'il a secoué ses chaînes, s'est montré le plus
» grand des peuples; des armées de héros ont fait en deux
» ans des prodiges; la Convention nationale a veillé au salut
» de la République, en la fondant, en affrontant la mort,
» en bravant mille dangers. »

Ce n'est pas la seule fois que Robespierre se montra offensé des injures des rois, et qu'il manifesta son indignation contre les diatribes et les calomnies répandues en
Europe contre la jeune République; et c'est peut-être l'irritation produite par ces attaques déloyales, qui provoqua
les mesures terribles du gouvernement révolutionnaire, dont
Robespierre développa ensuite les principes, comme pour
effrayer davantage les ennemis de la République. Dans cette
déclaration de principes il établit que « la fonction du
gouvernement est de diriger les forces morales et physiques
de la nation vers le but de son institution. » Puis il établit
une distinction entre le gouvernement constitutionnel et le
gouvernement révolutionnaire. « Le but du gouvernement
» constitutionnel, dit-il, est de conserver la République;
» celui du gouvernement révolutionnaire est de la fonder.
» — la révolution est la guerre de la liberté contre ses en-
» nemis; la constitution est le régime de la liberté victo-
» rieuse et paisible. — Le gouvernement révolutionnaire a
» besoin d'une activité extraordinaire, précisément parce
» qu'il est en guerre. Il est soumis à des règles moins uni-
» formes et moins rigoureuses, parce que les circonstances
» où il se trouve sont orageuses et mobiles, et surtout parce
» qu'il est forcé de déployer sans cesse des ressources nou-
» velles et rapides, pour des dangers nouveaux et pressans. »

» Le gouvernement constitutionnel s'occupe principale-
» ment de la liberté civile, et le gouvernement révolution-
» naire, de la liberté publique. Sous le régime constitu-

» tionnel, il suffit de protéger les individus contre l'abus
» de la puissance publique; sous le régime révolutionnaire,
» la puissance publique est elle-même obligée de se défen-
» dre contre toutes les factions qui l'attaquent. »

D'après ces distinctions, il expliqua toutes les lois révolutionnaires, que l'on trouverait iniques, si l'on voulait les
juger par les principes des lois constitutionnelles. Par la
même raison, des lois purement constitutionnelles auraient
été illusoires et vaines pour les fins d'un gouvernement révolutionnaire. Au reste, il justifia ce gouvernement révolutionnaire par la suprême loi du salut du peuple.

« La terreur, dit Robespierre, n'est autre chose que la
» justice prompte, sévère et inflexible; elle est moins un
» principe particulier qu'une conséquence du principe gé-
» néral de la démocratie, appliquée aux plus pressans besoins
» de la patrie. La terreur est également le ressort des gou-
» vernemens despotiques... Le glaive des brigands et celui
» des héros se ressemblent; le despote a raison, comme
» despote; vous avez raison comme fondateurs de la répu-
» blique... La force ne serait-elle que pour protéger le crime?
» Jusques à quand la fureur des despotes sera-t-elle appelée
» justice, et la justice du peuple barbarie?

» La rigueur des tyrans n'a pour principe que la rigueur;
» celle des gouvernemens républicains part de la bienfai-
» sance; aussi, malheur à celui qui oserait diriger vers le
» peuple la terreur qui ne doit approcher que de ses
» ennemis.

» Deux factions menacent la République; leur but est la
» désorganisation du gouvernement populaire, la ruine de
» la Convention. L'une de ces deux factions nous pousse à
» la faiblesse, l'autre aux excès. L'une veut changer la li-
» berté en bacchante, l'autre en prostituée. »

Il définit ensuite les principes du gouvernement démocratique.

« La démocratie est un état où le peuple, souverain,
» guidé par des lois qui sont son ouvrage, fait par lui-
» même tout ce qu'il peut bien faire, et par des délégués
» tout ce qu'il ne peut faire par lui-même... Le ressort es-
» sentiel qui soutient et fait mouvoir ce gouvernement, c'est
» la vertu publique, ou l'amour de la patrie et des lois;
» c'est l'amour de l'égalité; — La convention doit donc rap-
» porter toutes les institutions au maintien de l'égalité et au
» développement de la vertu, par tous les moyens qui ten-
» dent à exciter l'amour de la patrie, à purifier les mœurs,
» à élever les âmes, à diriger les passions du cœur humain
» vers l'intérêt public. Tout ce qui tend à les concentrer
» dans l'abjection du *moi* personnel, à réveiller l'engoue-
» ment pour les petites choses, et le mépris des grandes,
» doit être rejeté ou réprimé.....

Après cette démonstration des principes essentiels du gouvernement démocratique, Robespierre les développa encore dans leurs rapports avec les circonstances révolutionnaires. Il récapitula toutes les causes des défections de tant d'hommes ambitieux qui avaient abandonné les républicains sur la route, parce qu'ils n'avaient pas commencé le voyage pour arriver au même but. Il semblerait, disait-il, que les deux génies du bien et du mal combattent dans cette grande époque de l'histoire humaine, pour fixer sans retour les destinées du monde, et que la France est le théâtre de cette lutte redoutable. « Au dehors, tous les tyrans
» vous cernent, au dedans tous les amis de la tyrannie con-
» spirent. Il faut étouffer tous les ennemis de la république,
» ou périr avec elle. »

Dans la séance du 18 floréal (8 mars 1794), Robes-

bierre revint, au nom du comité de salut public, entretenir la convention de la nécessité de fonder la société civile
sur la morale. Il trouva, dans la trop grande liberté des
opinions irréligieuses, un prétexte pour parler contre les
apôtres du néant, les missionnaires de l'athéisme, et pour
préparer les esprits à son projet étonnant de faire reconnaître l'existence d'un être suprême.

Robespierre se trouva, à ce sujet, dans une grande erreur.
Ce n'était plus le temps où l'on pouvait mêler à la législation politique les idées religieuses. Le peuple français n'était
nullement dans les conditions des peuples barbares, dont
les législateurs formèrent autrefois les destinées par des institutions à la fois religieuses et civiles. Quelques siècles
plus-tôt on eût pu tirer un grand avantage des dissidences
survenues dans le christianisme, et s'appuyer sur la réforme
de Luther ou de Calvin, pour opérer une transformation
dans les croyances, corrélative et favorable à une transformation politique. Mais cet élément de novation manquant,
on devait laisser à la liberté des esprits, aux spéculations
philosophiques, ces questions puériles, parce que les croyances étaient déjà confuses, vagues ou relâchés, au point
qu'elles n'offraient plus de consistance. Ce n'était pas le
moment d'ailleurs d'ériger la tribune en chaire philosophi-
que, pour discuter sur l'idée du néant ou de l'immortalité,
sur l'existence d'un Dieu. Ce fut même une maladresse que
de jeter des mots vides de sens et de portée au milieu des
graves discussions qui touchaient à des besoins réels et trop
sentis. C'était bien assez de la peine et des difficultés de fonder une république, sans vouloir encore fonder une
religion.

Cependant, sur ces idées philosophiques, sur les raisons
de convenance et d'utilité que déduisit Robespierre, et à

part l'abstraction métaphysique, la pensée de remplacer les pratiques superstitieuses du catholicisme par des fêtes nationales, célébrées et consacrées à la liberté, à l'égalité, aux plus nobles sentimens, était ingénieuse et pleine de charme. C'était une réminiscence des fêtes consacrées aux divinités symboliques des Grecs, dont le souvenir est plein de poésie. Par ces fêtes Robespierre voulait « réveiller les sen- » timens généreux qui font le charme et l'ornement de la » vie humaine, l'enthousiasme de la liberté, l'amour de la » patrie, le respect des lois. »

Malheureusement, cette religion de la nature, dont les philosophes ont été les révélateurs; cet Être-Suprême indéfini, ou défini de manière à ne pouvoir être l'objet d'un culte, ne devaient inspirer que du dédain aux âmes navrées de tant de déceptions, ou trop corrompues.

Ici s'arrêtent à peu près les travaux politiques de Robespierre. C'est le moment où il entendit gronder au loin l'orage qui le menaçait. Il alla se plaindre avec amertume, dans la société des Jacobins, des calomnies que l'on répandait contre lui, et qui étaient lancées de Londres. On l'accusait, de nouveau, d'aspirer à la dictature, d'avoir créé le tribunal révolutionnaire, d'être l'assassin des honnêtes gens. Ces calomnies étaient habilement répandues et devaient avoir un grand effet chez un peuple crédule. Toute la haine des royalistes s'était concentrée sur Robespierre à mesure qu'il s'était élevé comme chef du parti populaire. Tant de calomnies, tant d'accusations, réunies aux divisions, aux passions qui agitaient la Convention, favorisaient la contre-révolution, qui devait triompher en abattant un seul homme.

Déjà si près de cette journée malheureuse où la destinée de la révolution devait s'accomplir, Robespierre disparut

3

soudainement de la scène politique. On ne savait où il était; mais s'il désertait le comité de salut public et la tribune, ce n'était ni par crainte ni par découragement. Il voulait, en passant quelques jours dans une retraite profonde, se livrer à des méditations plus sérieuses, se recueillir, et préparer de vastes plans politiques, d'audacieuses mesures pour assurer l'existence de la République, et faire cesser l'incertitude des choses (1). Nul n'a pénétré les desseins profonds que ces jours de silence et de recueillement ont enfantés. L'avenir leur a manqué. On peut les deviner si l'on a compris la pensée de Robespierre; mais là est la difficulté. Cet homme est encore pour la génération actuelle ou un problème, ou ce que l'on a improprement défini par le mot *terroriste*. Quand les erreurs, les préjugés, les derniers ressentimens se seront dissipés, le souvenir de cet homme sera comme ces sommets des hautes montagnes, qui restent longtemps cachés dans les nuages, et qui apparaissent au loin, dominant toutes les cimes, quand le ciel est pur.

L'absence de Robespierre, qui dura près d'un mois, lui fut fatale : ses ennemis en profitèrent pour conjurer sa perte; et cette conjuration fut d'autant plus facile que la convention était plus que jamais tourmentée de ses dissensions.

Enfin il reparut à la tribune le 8 thermidor, et ne se doutant nullement de la conjuration qui s'était formée dans l'assemblée, ni des haines et des craintes que l'on avait inspirées contre lui, il parla de l'état des affaires dont il fit un tableau sombre.

Il se plaignit amèrement des manœuvres dont l'influence

---

(1) C'est à l'ermitage, autrefois habité par J.-J. Rousseau, dans la vallée de Montmorency, que Robespierre se retira pour préparer les grandes mesures qu'il projetait.

lui paraissait funeste à la république ; il dit que partout des
actes d'oppression avaient été multipliés pour étendre un
système de terreur et de calomnie ; que des arrestations injus-
tes, des projets de finances désastreux, portaient le désespoir
dans les familles attachées à la révolution ; qu'on épouvantait les nobles et les prêtres par des motions concertées ; que
les paiemens de l'état étaient suspendus ; que dans la Convention, on prétendait que la montagne était menacée par
lui ; qu'on rappelait l'affaire des soixante-deux députés détenus, dont il avait été plutôt le défenseur que le persécuteur,
puisqu'il les avait arrachés à une décision précipitée, en
demandant un rapport préalable. « Quant à la Convention
» nationale, ajouta-t-il, mon premier devoir comme mon
» premier penchant, est un respect sans bornes pour elle....
» Sans vouloir justifier en elles-mêmes les erreurs funestes
» de plusieurs, sans vouloir ternir la gloire des défenseurs de
» la liberté, ni affaiblir l'illusion d'un nom sacré dans les
» annales de la révolution, je dis que tous les représentans
» du peuple dont le cœur est pur, doivent reprendre la con-
» fiance et la dignité qui leur conviennent ; que je ne connais
» que deux partis : celui des bons et des mauvais citoyens ;
» que le patriotisme n'est point une affaire de parti, mais
» une affaire de cœur ; qu'il ne consiste ni dans l'insolence,
» ni dans une fougue passagère qui ne respecte ni les prin-
» cipes, ni le bon sens, ni la morale, encore moins dans le
» dévouement aux intérêts d'une faction. Le cœur flétri par
» l'expérience de tant de trahisons, je crois à la nécessité
» d'appeler la probité et tous les sentimens généreux au se-
» cours de la république. Je sens que partout où l'on ren-
» contre un homme de bien, en quelque lieu qu'il soit assis,
» il faut lui tendre la main et la serrer contre son cœur.
» Je crois à des circonstances fatales dans la révolution, qui

» n'ont rien de commun avec les desseins criminels. Je crois
» à la détestable influence de l'intrigue, et surtout à la puis-
» sance sinistre de la calomnie. »

Quelques jours plus tôt, ce discours eût été écouté avec
recueillement et applaudi ; mais ce jour-là les rumeurs des
conjurés troublèrent l'orateur, et l'un deux lui contesta
l'impression de ce discours. Puis, enhardis l'un par l'autre,
plusieurs osent s'avancer et l'accuser de choses vagues ou
absurdes, telles que d'avoir paralysé la volonté de la Convention, d'avoir expulsé des jacobins ceux qui lui déplai-
saient. Ensuite Tallien effraie la Convention en disant qu'elle
est entre deux égorgemens ; et soudain l'on voit cette
assemblée qui avait donné tant de preuves de courage,
s'émouvoir d'une peur indigne, agiter les mains en l'air et
s'animer de cette terrible colère que la crainte inspire, et qui
étouffe la raison. Dans un moment de calme la Convention
n'aurait eu qu'à rappeler ses souvenirs, à ouvrir les yeux,
pour reconnaître que Robespierre n'avait rien fait que par
elle, qu'il ne pouvait rien entreprendre hors d'elle, qu'il
n'employait jamais que la persuasion pour faire adopter ses
opinions, et qu'enfin les comités se déclarant contre lui, il
demeurait impuissant.

Ceux qui s'étaient montrés les plus dévoués à sa volonté,
ceux qui s'étaient soumis à lui dans le comité de salut public,
furent les premiers à le trahir. Billaud-Varennes et Tallien
l'attaquèrent avec fureur. L'un était un montagnard sincère,
mais trop exalté ; l'autre était un homme vil et méchant
contre ceux dont il n'avait plus rien à craindre, espèce de
dramaturge, qui demanda à grands cris un décret d'accusation, en montrant un poignard avec lequel il menaça de
frapper le *nouveau Cromwel*. Un autre conventionnel demanda ce décret contre Robespierre, parce qu'il avait été un

dominateur. Un quatrième dit que Robespierre, Couthon et Saint–Just « voulaient former un triumvirat qui rappelait » les proscriptions sanglantes de Sylla, et s'élever sur les » ruines de la république. »

En vain Robespierre et Saint-Just voulurent-ils monter à la tribune pour se défendre et dissiper ces chimériques accusations, on leur opposa une violence honteuse; on couvrit leurs voix de clameurs, et le décret d'accusation fut voté au milieu d'un tumulte inouï, dans un instant de délire et de fureur. Le jeune frère de Robespierre demanda à être compris dans le décret, parce qu'il avait, dit–il, partagé les vertus de son frère.

Dans la nuit du 9 au 10 thermidor, Robespierre et ceux qui partageaient sa destinée furent délivrés par le peuple et se réfugièrent à la commune; il tint à peu de chose que ces hommes, derniers soutiens de la république, ne fussent sauvés. Mais une fatale destinée devait s'accomplir dans ce jour, où d'épaisses ténèbres semblaient couvrir la capitale de la France. Comme après une nuit d'orgie, la Convention pâle et tremblante, attendit que les têtes des plus inflexibles, des plus purs républicains, mis hors la loi, fussent tombées aux acclamations insensées de cette populace qui leur devait quelques jours de liberté et tant de généreux efforts pour la tirer de son abjection, de sa misère.

La mort de Robespierre fut affreuse. Lorsqu'il se vit arrêté à la commune, il se tira dans la tête un coup de pistolet qui ne lui fit qu'une horrible blessure. Il versa son sang sur le chemin du supplice, en subissant les outrages odieux de ceux qui partageaient subitement la colère des partis.

Le 10 thermidor fut un jour malheureux comme celui où Caïus Gracchus périt assassiné par les patriciens. La liberté de Rome mourut ce jour là. Le 10 thermidor, la liberté du peuple français ne fut plus qu'un fantôme qui s'éloigna lentement vers la tombe des nouveaux Gracques, pour faire place au Directoire, qui devait être une courte transition de la république au pouvoir absolu d'un monarque.

Nous passons sous silence les violentes colères qui se déchaînèrent après la mort de Robespierre. Une longue sensation la suivit, et son souvenir resta comme la personnification de la révolution française. Il excita au plus haut degré l'attention des hommes. Ses ennemis couvrirent sa mémoire d'injures; on rejeta sur lui tous les crimes des sicaires; on le chargea des iniquités communes, même de celles des factions qu'il avait combattues. Ceux qui avaient reconnu la puissance de son génie, qui s'étaient trouvés un jour les ministres de ses volontés, et qui avaient commis d'eux-mêmes des excès de pouvoir, qui avaient brutalement dépassé le but qu'il leur avait indiqué, osèrent se montrer les plus acharnés de ses accusateurs; et c'est lorsqu'il s'était éloigné du comité de salut public, que ces hommes, restés maîtres d'une puissance terrible, en firent un plus terrible abus. Jamais Robespierre n'eût permis les déplorables excès qui signalèrent cette dernière époque; et c'est pendant qu'il avisait au moyen d'arrêter ces malheurs et de sauver la France, que sa propre ruine était jurée.

BARNAVE.

Barnave naquit à Grenoble en 1761. Fils d'un procureur, élevé pour la robe, le jeune orateur ne porta pas d'abord ses regards au loin, et la barre du parlement du Dauphihé semblait pour son ambition un assez beau théâtre de succès. Mais la révolution vint ouvrir aux hommes de génie une vaste carrière et un large horizon. Jusque là les plébéïens ne pouvaient s'élever que par un mérite réel, Barnave s'instruisit : il puisa dans l'étude du droit, non pas la connaissance stérile du texte des lois, mais leur esprit, les principes généraux qui les coordonnent; il s'instruisit plutôt en législateur qu'en avocat, et, bien jeune encore, il prononça devant le Parlement un discours sur la nécessité de diviser les pouvoirs politiques. Ce discours, sans doute, n'était pas très remarquable, mais il témoignait de la propension de son esprit pour les discussions politiques.

Quand vint le jour où il fallut que la vieille monarchie, escortée d'une noblesse vaniteuse et vile, d'un clergé ruineux, s'en allât devant la force du peuple, les hommes comme Barnave, dont l'esprit se trouvait blessé par l'orgueil des privilégiés, furent saisis des nobles émotions du guerrier qui marche, avec espoir et courage, à la vengeance d'une patrie longtemps asservie. Le peuple délivré, mais encore menacé de tous côtés, salua ses tribuns avec reconnaissance. Leurs voix furent éloquentes, leurs discours firent tressaillir le monde. On les aima tant qu'ils furent constans pour la liberté; mais le malheur touche toujours les choses humaines : on vit les plus ardens de ees orateurs, les plus aimés de la foule, s'abandonner à des rêves funestes, sacrifier la postérité à l'intérêt ou à la passion d'un moment, et ne pas laisser au peuple le bonheur de bénir leur mémoire. Peut-être ont-ils cédés à l'entraînement d'une erreur; peut-être ont-ils vu, comme en songe, des choses affreuses dans l'avenir; mais sans doute, s'ils avaient vu tout ce que le temps a déroulé de tableaux sinistres, toutes les iniquités qui sont arrivées sur la vieille terre d'Europe, ils auraient honte, au fond de leurs tombes, de n'être pas morts en défendant la seule cause du peuple.

Député par ses compatriotes aux états-généraux, Barnave s'avança, plein de cœur, à la tête de cette partie militante de l'assemblée, qui prit l'initiative de la révolution. Ce fut là une belle époque de notre histoire : les mandans prescrivaient la réclamation de leurs droits, les mandataires comprenaient noblement leur mission; ils arrivaient en face du pouvoir, non pour courber le front et mendier des faveurs; mais pour faire triompher la volonté populaire, pour parler comme il convient à des hommes libres. L'insolence de la noblesse irrita ces âmes pures et fières, et hâta peut-être une révolution que des transactions, des concessions mutuelles auraient pu ajourner. Ceux qui étaient de la part du peuple s'étant retirés au jeu de paume, entendirent de sublimes pensées, qui les remplirent d'espérance et de courage. Barnave demanda que l'assemblée fît le serment de ne se séparer qu'après l'établissement de la constitution, et ce serment fut aussitôt prononcé avec enthousiasme.

La ferme attitude du tiers-état au milieu des périls qui le menaçaient, intimida bientôt les deux ordres qui s'étaient séparés de lui. Le Roi, de son côté, ayant fait annoncer la séance royale, vint manifester son déplaisir ainsi que ses volontés de monarque absolu, et déclarer nulles les délibérations prises dans la séance du jeu de paume. La déclaration du Roi était un éclatant mépris des droits de l'assemblée, à laquelle il prescrivait impérieusement ce qu'il voulait qu'elle fît, et ce qu'il voulait qu'elle ne fît pas. Ses dernières paroles furent imprudentes. « C'est moi, dit-il, qui jusqu'à » présent fais tout le bonheur de mes peuples. » Parler du bonheur du peuple au moment où sa détresse éclatait de toutes parts, au moment même de la crise qui avait fait convoquer les états généraux ! « Je vous ordonne, ajouta le » Roi, de vous séparer tout de suite. »

Après ce langage, après la conduite insultante des députés du clergé et de la noblesse, les mandataires du peuple firent leur devoir. Parlant après Mirabeau, Barnave conjura lA'ssemblée toute émue de persister dans ses résolutions, et de garder le titre d'Assemblée nationale.

Barnave parla ensuite dans les séances où s'agitèrent les premières et plus sérieuses questions sociales. Toutefois il faut remarquer qu'au début il était bien loin de Mirabeau et de Mounier : ceux-ci, plus âgés, plus forts, plus aguerris, sont là, chaque jour, sur la brèche où le sort du combat dépend encore de leur courage, de leur persistance ; leurs voix retentissent toujours, puissantes, logiques, éloquentes ; car ils entendent derrière eux vingt-cinq millions d'hommes qui les applaudissent. Barnave s'avance comme eux devant l'ennemi ; il participe, de ses vœux et de son cœur, au triomphe de ses maîtres ; et quand il monte à la tribune, son accent de conviction, son amour de la liberté le font aimer de la patrie.

Mirabeau avait dit, en parlant de Barnave : « c'est une » plante qui montera haut, si on la laisse croître. » Et, en effet, le talent du jeune orateur fit des progrès rapides. Après les essais qui avaient promis la vigueur d'un esprit élevé, on le vit aborder les questions les plus difficiles, et l'année 1790 fut pleine de ses succès ; c'est que pendant le cours de cette année il eut au cœur l'amour du peuple, et que la parole qui s'inspire à cette source pure, est toujours éloquente et persuasive. D'ailleurs les orateurs qui adoptaient avec franchise les principes radicaux, avaient l'avantage d'être toujours logiques ; la grande image de la vérité les dominait à la tribune. Tels furent aussi Maury et Casalès, derniers preux de la monarchie féodale, parce qu'ils ne déviaient pas de leurs principes. Au contraire, les hommes incertains dans leurs opinions, les vagues partisans de la constitution anglaise, les doctrinaires, n'étaient que des sophistes obscurs, des rhéteurs vulgaires.

Barnave excita les violens murmures des membres du clergé qui siégaient dans l'assemblée, quand il parla contre les maisons religieuses opulentes, qui, ayant fait vœu d'obéissance et de pauvreté, jouissaient de toutes les douceurs de l'indépendance et de la richesse. Son discours, modéré dans les expressions, plein de raison calme et de philosophie, tendait à prouver que les ordres religieux, soumis à des chefs indépendans, étaient hors de la société, contraires à la société, et devaient être supprimés sans restriction.

Dans la discussion d'un projet de loi sur les moyens de ramener la tranquillité publique, il s'opposa au comité de constitution qui proposait d'accorder aux officiers de justice,

comme aux officiers municipaux, le droit de requérir le secours des troupes. Il démontra que le juge ne devait requérir
la force armée que pour l'exécution de ses jugemens; que
dans le cas de trouble, n'ayant pas jugé, il ne pouvait agir;
qu'enfin accorder aux juges et aux officiers municipaux la
disposition du même pouvoir, c'était mettre là même force
entre les mains de deux pouvoirs rivaux.

On l'écouta avec attention et applaudissemens dans une
discussion relative au jury. Il s'agissait de savoir si l'on éta-
blirait les jurés, tant en matière civile qu'en matière criminelle.

« Les hommes vivant en société, dit-il, ont reconnu que
» les plus fortes atteintes contre la liberté, étaient portées
» par le pouvoir judiciaire, qui frappe chaque jour. C'est
» pour arrêter ce pouvoir qu'ils ont institué les jurés......
» Dans les affaires criminelles, il s'agit de la vie ou des souf-
» frances des hommes; dans les affaires civiles, de leur for-
» tune ou de leur honneur. Quel est celui qui met moins
» d'importance à son honneur qu'à sa vie? l'honneur peut
» être attaqué tous les jours. Ainsi, même importance, quant
» à la gravité du cas; plus grande importance au civil, parce
» que les cas se présentent plus souvent. »

Désespérant de pouvoir obtenir cet important résultat
immédiatement, il fit tous ses efforts pour déterminer l'assemblée à faire entrer dans la constitution l'établissement
des jurés en matière civile, sauf à en ajourner l'exécution.

Dans la discussion sur l'organisation du pouvoir judiciaire, il se prononça pour les tribunaux d'appel, pour une
Cour de révision, pour la réélection et l'institution des juges
par le peuple. Il fut l'un des premiers à faire comprendre
l'utilité d'un tribunal de cassation dont l'objet est d'assurer
l'uniformité de la jurisprudence, d'empêcher les interpré-

tations qui variaient avec les juges et avec les pays ; il s'attacha surtout à démontrer que le pouvoir judiciaire ne devait pas dépendre du pouvoir exécutif ; que malgré les usages admis jusqu'alors, et dans le régime féodal, qu'on venait de détruire, et dans la monarchie absolue dont la France ne voulait plus, l'institution des Juges par le Roi était contraire aux principes d'un gouvernement libre. En un mot, il démontra que le monarque est chef féodal de la justice quand tous les pouvoirs émanent de lui, mais que quand la monarchie absolue se change en gouvernement libre, ces pouvoirs retournent au peuple.

Le discours le plus remarquable de Barnave est celui qu'il prononça sur la question du droit de déclarer la guerre, dont il ne voulait accorder au Roi que la proposition et réserver l'initiative au pouvoir législatif. Il était sur ce point en opposition avec Mirabeau, qui parla le premier et entraîna les convictions par la force et le prestige de sa parole. Mirabeau voulait laisser au Roi l'exercice entier de ce droit important, et les raisons ne manquaient pas au puissant orateur qui tirait parti des moins bonnes.

Barnave combattit son opinion par la force de sa logique. Presque aussi éloquent que Mirabeau, il prit la question par tous ses points, et après avoir réfuté, l'une après l'autre, les objections contraires, il invoqua l'opinion de Mably sur les prétendus dangers de mettre en délibération dans une assemblée le sujet de guerre ou de paix, disant que la loyauté, la justice devaient être la seule politique de la France. En face des inconvéniens que Mirabeau signalait dans l'exercice de ce droit par le pouvoir législatif, Barnave exposa ceux qui résultent de ce même droit exercé par le Roi. Il rappela que Périclès entreprit la guerre du Péloponèse, quand il se vit dans l'impossibilité de rendre ses comptes aux Athéniens.

Il aurait pu, de même, rappeler mil le faits attestant que les guerres entreprises par la seule volonté des rois, n'ont souvent pour cause que leurs querelles personnelles, leurs intérêts de famille; que le sang des peuples a souvent coulé à flots pour des raisons futiles.

Qui, mieux qu'une nation jalouse de son indépendance et de sa gloire, peut exprimer une volonté sage, quand il s'agit de déclarer la paix ou la guerre à une autre nation ? En laissant au pouvoir exécutif le soin des armemens et celui de repousser les hostilités imprévues, qui, mieux qu'une assemblée de représentans, peut disposer de l'existence et de l'honneur du pays ? telles sont les vérités que Barnave nous semble avoir démontrées dans cette savante discussion, pour faire déclarer que le corps législatif aurait exclusivement le droit de déclarer la paix ou la guerre et de conclure les traités.

Après avoir défendu et revendiqué les droits du peuple, Barnave défendait les droits de la pensée, la plus précieuse des libertés de l'homme. Lorsque Malouet proposa de poursuivre les libelles, Barnave calma les susceptibilités de l'Assemblée par ces paroles pleines de sagesse :

« Ceux qui sont plus attachés à la chose publique qu'à
» eux-mêmes, dit-il, préféreront la liberté de la presse,
» lors même qu'elle devra porter sur eux, à tous les incon-
» véniens particuliers qui peuvent en résulter pour leur
» personne.....Il doit être permis de tout dire et de tout im-
» primer sur les hommes publics, parce que l'homme qui
» se charge d'emplois publics, s'expose nécessairement à la
» censure, et qu'il n'y a point d'inconvéniens particuliers qui
» puissent être comparés à la gêne que la loi pourrait im-
» poser à l'expression de la pensée, qui est le plus sacré de
» tous les droits. »

Barnave, par ses principes, se trouvait nécessairement en lutte constante avec les deux champions de la monarchie, l'abbé Maury et Cazalès. Cette lutte fut vive surtout dans une séance où l'assemblée était agitée par la peur des évènemens qui commençaient à s'accomplir. Il s'agissait du projet de fuite de la famille royale. Nous rappelons les paroles qu'il fit entendre à cette occasion, parce qu'elles font contraste avec sa conduite ultérieure, et qu'elles attestent un subit revirement de pensées, après le jour où elles furent prononcées.

« Il est permis de s'étonner, dit-il, que dans un moment
» de crise, où la nation, éprouvée par une révolution qui
» la régénère, appelle à son secours tous ceux qui ont in-
» térêt à sa gloire et à sa prospérité, les membres d'une
» famille qu'elle a comblée de biens, abandonnent presque
» tous la chose publique, et vous autorisent à les compter
» parmi les adversaires les plus dangereux de la constitu-
» tion qu'elle s'est donnée....il est temps de déclarer les
» devoirs de ceux dont nous n'avons jusqu'ici déclaré que
» les honneurs et les émolumens. »

Ce fut là le dernier discours inspiré à Barnave par l'ardent patriotisme qui l'avait animé. On s'étonna d'abord d'une variation dans ses sentimens et ses opinions au sujet des colonies, dans la séance du 11 mai 1791. On l'avait accusé d'avoir dit dans sa jeune ferveur : « périssent les colonies
» plutôt qu'un principe. » C'est le contraire de ce mot qu'il soutint le 11 mai. Il prétendit que pour conserver les colonies, il fallait accorder aux colons l'initiative relativement à l'état des personnes, c'est-à-dire relativement à l'esclavage des nègres. Abandonnant les grands principes d'humanité, de philantrophie, il s'évertua à changer la question pour n'en faire qu'une question d'intérêt commercial, qu'il posa

en ces termes : « Voulez-vous avoir des colonies ? » Cette question ainsi faite, excita des murmures, et vainement il voulut faire comprendre qu'en prononçant sur l'état politique des hommes de couleur, on courait le risque de perdre les colonies. Robespierre, Sieyès, Grégoire, rappelèrent ses premiers discours sur ce sujet, et l'opposèrent à lui-même.

La fuite de Louis XVI ne fut peut-être pas un événement sans influence sur la destinée de Barnave. Envoyé par l'assemblée nationale à Varennes, il en revint avec des sentimens que l'on comprend à l'aspect de ces grandeurs déchues, de ces infortunes qui inspirent une compassion d'autant plus grande, que ceux qui en sont l'objet sont plus haut placés.

Le malheur d'un roi, meilleur que beaucoup de ses ancètres, la touchante position de cette princesse d'Autriche, venue joyeuse et pleine d'espérance s'asseoir sur un trône maintenant prêt à se changer en échafaud, toutes ces choses devaient émouvoir un jeune homme à l'imagination ardente. Mais, quels que fussent les sentimens de Barnave, il ne devait pas les laisser dominer son esprit et changer ses principes ; car on n'abandonne pas impunément une cause noble et grande, pour défendre une cause contraire ; et puis, les infortunes des peuples sont bien plus touchantes que celles des rois.

Dans la séance du 16 juillet 1791, au sujet de l'inviolabilité du roi, Barnave fit un plaidoyer en faveur de la monarchie, qu'il montra comme la seule forme de gouvernement convenable à la France. Les raisons de cette opinion sont les mêmes que celles qui depuis ont été sans cesse invoquées : ce sont les menaces des puissances voisines, l'immensité de la population qui nous presse, les passions qui nous agitent. Barnave n'avait pas vu la France républicaine repousser les armées des rois, le civisme du peuple rappeler les vertus de Rome et de Sparte, et la république périr, non pas par la faute du peuple, mais par le poison que la monarchie avait jeté dans ses entrailles.

Barnave n'était plus l'homme de la révolution : chaque fois qu'il montait à la tribune, sa voix n'excitait plus que des murmures ; ainsi, dans la séance du 11 août, il soutint que la fonction d'électeur n'était pas un droit ; qu'elle existait pour la société qui avait le droit d'en déterminer les conditions. Il dit ensuite que le gouvernement représentatif n'ayant à redouter que la corruption, le corps électoral devait réunir trois garanties, les lumières, l'intérêt à la chose et l'indépendance de fortune. Il ne cherchait pas ces garanties dans les classes riches, où il y a trop d'intérêt particulier, ni dans les classes pauvres, mais dans la classe moyenne. On pouvait lui répondre que si la classe pauvre n'offre pas de grandes garanties quant aux lumières, c'est parce qu'elle est privée des avantages, des privilèges qui en facilitent la diffusion ; qu'ensuite la classe pauvre a intérêt au bien général, au progrès des institutions, autant et plus que les classes riches et que la classe moyenne, dont les intérêts sont égoïstes et exclusifs. Quant à l'indépendance de fortune, est-elle toujours une garantie contre la corruption? Voit-on autant de vénalité chez les pauvres que chez les riches? Que l'on donne à une nation grande et riche l'impulsion de l'honneur et de la moralité, et l'on verra que la morale et la probité sont les vertus des pauvres.

Sur le projet de décret relatif à la réforme et au changement de la constitution, il s'écarta de nouveau de la véritable question, et prétendit que le peuple, en déléguant sa souveraineté à l'assemblée, ne lui avait pas donné le pouvoir d'indiquer ou de provoquer une autre assemblée constituante.

C'était une erreur, car une assemblée exerçant la souveraineté du peuple, a nécessairement le droit d'en régler l'exercice, d'en déterminer une action plus rationnelle. Mais
Barnave prévoyait que si la nation venait à conférer à une
convention nationale le pouvoir de réformer la constitution
dans ses parties, ou à un corps constituant le pouvoir de la
changer dans son ensemble, la constitution dont on commen-
çait à reconnaître les vices, constitution mitigée de principes
monarchiques, se trouverait menacée.

On trouve dans ce dernier discours tous les lieux communs répétés depuis lors sur les dangers des élections révolutionnaires, de l'éloquence incendiaire.

Barnave voulait faire déclarer que l'opinion de trois ou
quatre législatures successives, serait nécessaire pour corri-
ger un article de la constitution.

Ici commence le silence de l'orateur qui avait tant promis
à la cause du peuple. Il s'éloigna de la tribune où sa position devenait de plus en plus embarrassante ; car il avait trop
d'honneur pour arborer les couleurs ennemies, pour donner
la main à ceux qu'il avait toujours combattus. Il retourna au
pied des Alpes, sans y retrouver le bonheur tranquille de sa
jeunesse.

Quelques mois se passèrent, puis un jour, sur la lecture
d'une pièce trouvée dans l'armoire de fer où Louis XVI avait
renfermé ses papiers, et sur laquelle était écrit de la main
du roi : « Projet du comité des ministres, concerté avec
» MM. Alexandre Lamet et Barnave. » L'Assemblée décida
unanimement qu'il y avait lieu à accusation contre ces deux
députés. Barnave fut arrêté à Grenoble, détenu plusieurs
mois au fort Barreau, puis amené à l'Abbaye et enfin condamné à mort par le tribunal révolutionnaire. Il fut exécuté
le 29 octobre 1793.

4

En chemin pour l'échafaud, Barnave écrivit à sa sœur une lettre touchante, dont quelques passages font apprécier cette âme ardente, cette imagination vive, qui formaient le fond de son caractère.

« Je suis encore dans la jeunesse, disait-il à sa sœur, et
» cependant j'ai déjà connu, déjà éprouvé tous les biens et
» tous les maux dont se forme la vie humaine. Doué d'une
» imagination vive, j'ai cru longtemps aux chimères, mais
» je m'en suis désabusé, et au moment où je me vois prêt
» à quitter la vie, les seuls biens que je regrette sont l'ami-
» tié (personne plus que moi ne pouvait se flatter d'en goû-
» ter les douceurs) et la culture de l'esprit, culture dont
» l'habitude a souvent rempli mes journées d'une manière
» délicieuse. Mais, disons la vérité, il y a peut-être trop d'ac-
» tivité dans mon âme; il y a un ressort trop puissant
» dans mon caractère, pour que ces biens, purs et sans
» mélange, eussent pu me suffire. J'ai la philosophie ac-
» quise et réfléchie qui détache des faux biens, mais j'ai trop
» de chaleur dans la pensée pour goûter les véritables, et
» je sens que cette disposition, presque invincible, est un
» obstacle que je trouverais toujours entre le bonheur
» et moi. »

Il serait injuste de croire que Barnave renia les principes qu'il avait d'abord adoptés, et qu'il céda à d'autres inspirations que celles qui l'avaient guidé dans sa brillante et trop courte carrière. Il était sans doute venu avec une vocation toute populaire, avec l'intime conviction que la France devait être délivrée d'un pouvoir monarchique absolu, des priviléges de la noblesse et du clergé; que le peuple devait être relevé et gouverné par sa propre volonté, et pour son seul intérêt. Mais avec ces convictions, Barnave ne voyait pas le salut de la France dans l'abolition de la royauté. Il fut un de ces hommes qui n'aimaient pas les dogmes absolus, qui voyaient des dangers dans l'application rigoureuse, dans la réalisation extrême de chaque principe de gouvernement, et pour lesquels la sagesse des législateurs consiste à modérer tous les pouvoirs. Cette conviction était profonde dans Barnave, et quand il vit les mouvemens révolutionnaires, quand son esprit pénétrant devina les suites des événemens, il put s'effrayer, surtout en appréciant, comme il le pouvait faire, les difficultés que l'on devait trouver dans l'établissement d'une pure démocratie, les élémens de discorde, l'état des mœurs, les résistances opiniâtres. Il put donc, sans renier ses premières idées et sans combattre ses premiers sentimens, desirer le maintien de l'antique monarchie, sauf toutes les réformes et toutes les institutions qui assureraient au peuple une liberté calme, la prospérité et la grandeur. La constitution du gouvernement anglais lui offrait un exemple, ou du moins une forme à adopter.

Telles étaient sans doute les pensées de Barnave, quand, la révolution marchant à grands pas, il se trouva presque isolé dans l'assemblée qui suivait le mouvement rapide des événemens. Ne s'étant pas proposé la république pour but, il n'avait plus l'enthousiasme et l'énergie qui animaient ceux qui voulaient la proclamer, et qui jugeaient l'abolition de la royauté nécessaire pour sauver la liberté du peuple menacée. Ceux-ci comprenaient que les machinations et les hostilités entretenaient des passions profondes dans les âmes ; que le parti de la royauté et le parti du peuple avaient des intérêts entièrement opposés, des vues inconciliables ; que les transactions et les concessions étaient impossibles. D'ailleurs, ils pensaient qu'une monarchie constitutionnelle n'eût été qu'un leurre pour le peuple ; que les habitudes, les mœurs auraient bientôt repris leur empire ; que la

royauté se dégageant des formes et des institutions constitutionnelles, comme de liens trop gênans, eût repris son
ancien caractère, et qu'ainsi tout ce que l'on aurait fait n'aurait abouti qu'à une amère déception.

Cependant Barnave, sincère dans ses convictions, animé
d'ailleurs d'un pur patriotisme et de sentimens généreux,
n'aurait pas abandonné la cause du peuple quand la république fut proclamée : la voyant menacée, son cœur se serait
échauffé pour elle.

DANTON.

Danton était d'Arcis-sur-Aube; il avait trente-deux ans quand la révolution commença. Alors, il exerçait à Paris la profession d'avocat. Entrant avec ardeur dans le parti révolutionnaire, il n'ambitionna plus que la liberté qu'il fallait conquérir en abattant le gouvernement monarchique. Il prévit que la révolution ne s'accomplirait pas dans l'assemblée des représentans de la nation; qu'il fallait que le peuple s'agitât; et, en effet, la révolution eût été vaincue si le peuple n'avait été debout, la pique à la main et le bonnet rouge sur la tête.

Danton avait le génie révolutionnaire et le talent des tribuns les plus illustres. Actif, audacieux et intelligent dans sa participation aux événemens et aux affaires de la république, entraînant le peuple sur ses pas, émouvant les esprits par son éloquente parole, il s'est placé au premier rang des hommes de la révolution. Il fonda le club des Cordeliers, et là, ayant appelé à son aide Marat, il eut bientôt sous sa main une fournaise ardente pour retremper les esprits tirés subitement de l'ignorance et de la servitude. L'exemple eut de l'effet : d'autres clubs s'établirent, et dès lors il fallut bien que la révolution s'accomplît.

Durant la première année, sa coopération fut obscure,

Après avoir fondé le club des Cordeliers il sut le tenir en haleine, y faire germer l'amour de la liberté et le courage civique; puis on le vit porter à l'Assemblée nationale le vœu des quarante-huit sections de Paris, pour dénoncer les ministres comme ayant perdu la confiance du peuple.

Dans le commencement de 1791, il fut élu membre de l'administration départementale de la Seine.

Le 17 juillet 1791, après l'arrestation de Louis XVI à Varennes, il dirigea le rassemblement du Champ-de-Mars, qui avait pour but de faire prononcer la déchéance de ce roi; mais les esprits étaient encore trop froids pour que cette mesure fût immédiatement possible. La loi monarchique fut invoquée contre les promoteurs de ce mouvement, et Danton se vit forcé de se soustraire à des poursuites rigoureuses. Cependant les événemens marchaient; il reparut aux assemblées électorales, et enfin, la veille de la journée du 10 août, alors que la barrière allait être brisée, il fut là, le premier et le plus courageux.

Il n'est pas prouvé qu'il ait, comme on l'a dit, tracé le plan de la journée du 10 août; car, lorsque plus tard il fut accusé d'une conspiration chimérique devant la Convention, Saint-Just, au nom du comité de salut public, lui reprocha en ces termes de n'avoir rien fait dans cette journée fameuse :

« Quand tu vis l'orage du 10 août se préparer, tu te reti-
» ras à Arcis-sur-Aube, déserteur des périls qui entouraient
» la liberté. Les patriotes n'espéraient plus te revoir; cepen-
» dant, pressé par la honte, par les reproches, et quand tu sus
» que la chute de la tyrannie était bien préparée et inévitable,
» tu revins à Paris le 9 août; tu voulus te coucher dans
» cette nuit sinistre; tu fus traîné, par quelques amis ardens
» de la liberté, dans la section où les Marseillais étaient as-

» semblés ; tu y parlas, mais tout était fait, et l'insurrection
» était déjà en mouvement. »

Toutefois, on peut croire qu'il dirigea sinon le plan et la résolution de la grande journée, du moins ses conséquences, et qu'il assura le profit du succès. Il décida le conseil exécutif à se réunir aux magistrats du peuple, à l'Hôtel-de-Ville, et montra tant d'énergie, tant d'intelligence dans ses vues audacieuses, qu'on le regarda comme un chef indispensable, et qu'on l'investit des fonctions de ministre de la justice.

A mesure que la révolution s'opérait par saccades, que la population comprimée, ou intimidée, ou dirigée, sortait tout à coup d'un calme sinistre, et s'électrisait aux vibrations du tocsin, les dangers augmentaient autour de la liberté naissante. La perfidie était dans tous les cœurs ennemis, la menace était à la bouche de tous les suppôts de la monarchie.

Danton, dans ces circonstances, ne tarda pas à faire connaître son esprit révolutionnaire et son grand courage ; il vint à la tribune de l'Assemblée nationale le 28 août, et parla ainsi :

« Le pouvoir exécutif provisoire m'a chargé d'entretenir
» l'Assemblée des mesures qu'il a prises pour le salut de
» l'empire. Je motiverai ces mesures en ministre du peu
» ple, en ministre révolutionnaire. L'ennemi menace le
» royaume, mais l'ennemi n'a pris que Longwy. Si les com
» missaires de l'Assemblée n'avaient pas contrarié, par er
» reur, les opérations du pouvoir exécutif, déja l'armée re
» mise à Kellermann se serait concertée avec celle de Du
» mouriez. Vous voyez que nos dangers sont exagérés. Il
» faut que l'Assemblée se montre digne de la nation. C'est
» par une convulsion que nous avons renversé le despotisme,
» ce n'est que par une grande convulsion nationale que nous

» ferons rétrograder les despotes. Jusqu'ici nous n'avons
» fait que la guerre simulée de Lafayette; il faut faire une
» guerre plus terrible. Il est temps de dire au peuple qu'il
» doit se précipiter en masse sur les ennemis. Telle est notre
» situation, que tout ce qui peut matériellement servir à
» notre salut doit y concourir. Comment les peuples qui ont
» conquis la liberté l'ont-ils conservée? ils ont volé à l'en-
» nemi et ne l'ont point attendu. Que dirait la France si
» Paris, dans la stupeur, attendait l'arrivée des ennemis?
» Le peuple Français a voulu être libre, et le sera. Bientôt
» des forces nombreuses seront rendues ici. On mettra à la
» disposition des municipalités tout ce qui sera nécessaire,
» en prenant l'engagement d'indemniser les possesseurs.
» Tout appartient à la patrie quand la patrie est en danger. »

L'Assemblée ne fut pas sourde à ces accens belliqueux,
elle adopta, à l'unanimité, toutes les mesures que la nécessité
commandait; elle stimula elle-même, par les décrets, l'énergie du peuple, et bientôt une masse imposante de citoyeus
armés rassura la France, qui s'était émue à la vue d'un
grand péril.

Danton revint dans l'Assemblée la louer du résultat des
mesures prises :

« Il est bien satisfaisant, Messieurs, pour les ministres
» d'un peuple libre, d'avoir à lui annoncer que la patrie va
» être sauvée. Tout s'émeut, tout s'ébranle, tout brûle de
» combattre. Vous savez que Verdun n'est point encore au
» pouvoir de nos ennemis.

» Vous savez que la garnison a juré d'immoler le premier
» qui proposerait de se rendre. Une partie du peuple va se
» porter aux frontières, une autre va creuser des retran-
» chemens, et la troisième, avec des piques, défendra l'in-
» térieur de nos villes. Paris va seconder ces grands efforts.

» C'est en ce moment, Messieurs, que vous pouvez décla-
» rer que la capitale a bien mérité de la France entière ; c'est
» en ce moment que l'Assemblée nationale va devenir un vé-
» ritable comité de guerre. Nous demandons que vous con-
» couriez avec nous à diriger ce mouvement sublime du
» peuple, en nommant des commissaires qui nous secondent
» dans ces grandes mesures. Nous demandons que quicon-
» que refusera de servir de sa personne ou de remettre ses
» armes soit puni de mort. Nous demandons qu'il soit fait une
» instruction aux citoyens pour diriger leurs mouvemens ;
» qu'il soit envoyé des courriers dans tous les départemens
» pour les avertir des décrets que vous aurez rendus. Le
» tocsin qu'on va sonner n'est point un signal d'alarme,
» c'est la charge sur les ennemis de la patrie : pour les vain-
» cre, Messieurs, il nous faut de l'audace, encore de l'au-
» dace, toujours de l'audace, et la patrie est sauvée. »

Ici, disons quelques mots sur les événemens des journées
de septembre. Une vive alarme s'était répandue dans Paris à
la nouvelle que Longwy et Verdun étaient livrées à l'ennemi,
et que Brunswick, à la tête de cent mille hommes, s'avan-
çait sur Paris. Aucune place forte ne défendait la capitale,
l'armée était divisée et manquait de tout. Danton sauva la
France dans ce moment critique en donnant au peuple une
de ces grandes impulsions qu'il lui communiquait comme
une étincelle électrique. Pouvait-il marquer le point où devaient se briser les flots de l'insurrection populaire ? Il fit
sonner le tocsin pour avertir les citoyens de courir aux armes,
et en un instant quarante mille hommes se précipitent vers
l'ennemi ; mais dans ce soulèvement, l'indignation contre
ceux qui ont appelé les hordes des despotes étrangers, égale
le courage de tous ces hommes armés pour sauver la patrie.
Au moment où ils embrassent leurs femmes, leurs enfans,

on leur dit que les royalistes profiteront de leur absence pour délivrer et armer les prisonniers, et s'emparer de la ville. Une affreuse idée de vengeance s'empare de quelques-uns d'entre eux : ils courent aux prisons, et c'est en vain que les magistrats appelés, ou trop tard avertis, veulent apaiser cette fatale colère. Ce ne fut donc là qu'un mouvement imprévu, spontané, auquel les hommes dont on en a chargé la mémoire ne prirent aucune part. D'ailleurs, en s'en rapportant aux témoignages les plus dignes de foi, les excès de ces journées ont été fort exagérés. Un grand nombre de prisonniers furent mis en liberté par le peuple lui-même, qui reconnaissait avec joie leur innocence, et le ministre Roland, dans son rapport sur ces événemens, dit que le peuple avait montré de la prudence et de la générosité jusque dans cette terrible exécution.

Approuvant la proposition d'un membre, tendant à faire considérer les commissaires des assemblées primaires comme des représentans du peuple, chargés d'exciter l'énergie des citoyens pour la défense de la constitution, Danton dit : « Si chacun d'eux pousse à l'ennemi vingt hommes armés » (et ils doivent être huit mille commissaires), la patrie est » sauvée. Je demande qu'on les investisse de la qualité né- » cessaire pour faire cet appel au peuple ; que, de concert » avec les autorités constituées et les bons citoyens, ils » soient chargés de faire l'inventaire des grains, des armes, » la réquisition des hommes ; et que le comité de salut pu- » blic dirige ce sublime mouvement. C'est à coups de ca- » non qu'il faut signifier la constitution à nos ennemis. Si » j'ai bien remarqué l'énergie des hommes que les sections » nationales ont envoyés, j'ai la conviction qu'ils vont tous » jurer de donner, en retournant dans leurs foyers, cette im- » pulsion à leurs concitoyens. » (Tous les commissaires pré-

sens à la séance se lèvent en criant : *Oui, nous le jurons !*)
« C'est l'instant de faire le grand et dernier serment que
» nous nous vouons tous à la mort, ou que nous anéanti-
» rons les tyrans. » (Un cri unanime : *Nous le jurons !* est
plusieurs fois répété par toute l'Assemblée et les tribunes.)

Sur le projet de décret d'une armée révolutionnaire, il
dit :

« Vous venez de proclamer à la face de la France, qu'elle
» est encore en vraie révolution , en révolution active; eh
» bien! il faut la consommer, cette révolution. Ne vous ef-
» frayez jamais des mouvemens que pourront tenter les con-
» tre-révolutionnaires dans Paris. Sans doute ils voudraient
» éteindre le feu de la liberté dans son foyer le plus ardent;
» mais la masse immense des vrais patriotes, qui cent fois
» ont terrassé leurs ennemis, existe encore; elle est prête à
» s'ébranler; sachez la diriger, et elle confondra encore et
» déjouera toutes leurs manœuvres. Ce n'est pas assez d'une
» armée révolutionnaire, soyez révolutionnaires vous-mê-
» mes. Songez que les hommes industrieux qui vivent du
» prix de leurs sueurs ne peuvent aller dans les sections;
» que ce n'est qu'en l'absence des vrais patriotes que l'in-
» trigue peut s'emparer des sections. Décrétez donc deux
» grandes assemblées de sections par semaine ; que l'homme
» du peuple qui assistera à ces assemblées politiques ait une
» juste rétribution pour le temps qu'elles enlèveront à son
» travail.

» Il est bon encore que nous annoncions à tous nos en-
» nemis que nous voulons être continuellement et complè-
» tement en mesure contre eux. Vous avez décrété trente
» millions à la disposition du ministre de la guerre pour des
» fabrications d'armes; décrétez que ces fabrications ex-
» traordinaires ne cesseront que quand la nation aura donné

» à chaque citoyen un fusil; que ce soit la république qui
» mette le fusil à la main du citoyen, du vrai patriote;
» qu'elle lui dise : La patrie te confie cette arme pour sa
» défense; tu la représenteras tous les mois, et quand tu en
» seras requis par l'autorité nationale. Qu'un fusil soit la
» chose la plus sacrée pour nous; qu'on perde plutôt la vie
» que son fusil. Je demande donc que vous décrétiez cent
» millions, au moins, pour faire des armes de toute nature;
» car si nous avions eu des armes, nous aurions marché;
» c'est le besoin d'armes qui nous enchaîne. Jamais la pa-
» trie en danger ne manquera de citoyens. »

En conséquence, il demande que l'on présente inconti-
nent un mode d'organiser l'armée révolutionnaire; qu'on
décrète également que les sections de Paris s'assembleront
extraordinairement les dimanches et les jeudis, et que tout
citoyen faisant partie de ces assemblées, qui voudra, attendu ses besoins, réclamer une indemnité, la recevra à
raison de quarante sous par séance; que la Convention
mette à la disposition du ministre de la guerre cent millions
pour des fabrications d'armes; que les manufactures extraordinaires reçoivent tous les encouragemens et les addi-
tions nécessaires, et qu'elles ne cessent leurs travaux que
quand la France aura donné à chaque bon citoyen un fusil.

« Le peuple verra, dit-il, que la Convention s'occupe de
» ses besoins. Le peuple est grand, et il vous en donne en
» cet instant même une preuve remarquable; c'est que, quoi-
» qu'il ait souffert de la disette factice, machinée pour le
» mener à la contre-révolution, il a senti qu'il souffrait pour
» sa propre cause, et sous le despotisme il aurait exterminé
» tous les gouvernemens. »

La Convention nationale, ainsi encouragée, allait continuer avec une vigueur nécessaire l'œuvre commencée. Dan-

ton comprit qu'elle allait remplir le monde et les siècles à venir de ses travaux mémorables, et songea aussitôt à résigner les fonctions de ministre de la justice, qu'il avait reçues au bruit du canon, pour n'être plus qu'un tribun révolutionnaire, ce qui était plus glorieux.

Dans l'une des premières séances, il engagea la Convention à apprendre au peuple, par une déclaration solennelle, quels étaient les sentimens et les principes qui allaient présider à ses travaux; il ne pouvait, disait-il, exister de constitution que celle qui serait textuellement et nominativement acceptée par la majorité des assemblées primaires. Après cette déclaration, il en proposa une autre, qui n'était pas moins importante pour la tranquillité et pour la liberté publique. « Jusqu'ici, dit-il, on a agité le peuple parce qu'il
» fallait lui donner l'éveil contre les tyrans; maintenant il
» faut que les lois soient aussi terribles contre ceux qui y por-
» teraient atteinte, que le peuple l'a été en foudroyant a tyran-
» nie. Il faut qu'elles punissent tous les coupables, pour que le
» peuple n'ait plus rien à desirer. On a paru croire, d'ex-
» cellens citoyens ont pu présumer, que des amis ardens de
» la liberté pouvaient nuire à l'ordre social en exagérant
» leurs principes; eh bien! abjurons ici toute exagération;
» déclarons que toutes les propriétés territoriales, indivi-
» duelles et industrielles, seront éternellement maintenues.
» Souvenons-nous ensuite que nous avons tout à revoir,
» tout à recréer; que la déclaration des droits elle-même
» n'est pas sans tache, et qu'elle doit passer à la révision
» d'un peuple vraiment libre. »

Sur la proposition de Danton, la Convention nationale déclare :

1° Qu'il ne peut y avoir de constitution que lorsqu'elle est acceptée par le peuple.

2° Que la sûreté des personnes et des propriétés est sous la sauve-garde de la nation.

Danton avait, outre les qualités de ministre révolutionnaire, l'intelligence supérieure d'un législateur, la sagacité d'un homme d'état habile, non pas de ces hommes d'état monarchiques, dont le talent est la ruse et la fausseté, mais d'un homme qui peut diriger un peuple libre. C'est ce que prouvent les idées qu'il émit sur les principes généraux, ou dans les discussions spéciales dont la Convention eut à s'occuper.

Quand le député Cambon proposa de charger le comité de constitution de présenter un mode de soumettre à la sanction du peuple les deux bases du gouvernement, l'abolition de la royauté et la république française, Danton s'y opposa et dit :

« On semble méconnaître la conséquence du principe
» que vous avez sagement établi, savoir : que la constitu-
» tion serait présentée en masse, en totalité, à l'acceptation
» du peuple. Si ce principe a été consacré comme le seul
» conservateur de la liberté, si seul il peut maintenir l'har-
» monie et nous préserver de tout jugement précipité et peu
» réfléchi, pourquoi veut-on s'en écarter aujourd'hui? Parce
» que, dit-on, si vous ne connaissez dès à présent le vœu
» du peuple sur la question de la république, vous risquez
» de faire un long travail sur une base frêle et chimérique.
» Objection spécieuse, mais futile! Songez que la républi-
» que est déjà sanctionnée par le peuple, par l'armée, par
» le génie de la liberté qui réprouve tous les rois. Si donc
» il n'est pas permis de mettre en doute que la France veut
» être et sera éternellement république, ne vous occupez
» plus que de faire une constitution qui soit la conséquence
» de ce principe..... Attachons-nous à ce principe que les

» lois, telles qu'elles soient, doivent être exécutées par pro·
» vision, comme lois absolues, sous peine d'une anarchie
» perpétuelle et de la dissolution de la république. C'est
» d'après ces vérités, les seules conservatrices de l'union
» avec laquelle nous pouvons être invincibles, que je de-
» mande la question préalable sur la proposition faite par
» Cambon. »

Danton n'était pas dominé par cette passion aveugle de
liberté ou de révolution, qui fit commettre aux hommes su-
balternes des excès réprouvables. Ainsi, lorsque la Convention était inquiète des nouveaux troubles dont le département de Loir-et-Cher était le théâtre, lorsque, dans ces
conjonctures, chacun proposait des mesures plus ou moins
sages, il fit voir un esprit modéré, calme, et, tout en demandant que l'on sévît contre ceux qui, prétextant la souveraineté nationale, attaquaient cette souveraineté et se
souillaient de tous les crimes, il dit qu'il fallait néanmoins
se défier des idées trop hasardées : il réfuta ceux qui ne voulaient pas que les prêtres fussent salariés par le trésor public,
et s'appuyaient sur des idées philosophiques qui lui étaient
chères, parce que, si pour lui il n'y avait d'autre bien que
celui de l'univers, d'autre culte que le culte de la justice et
de la liberté, l'homme maltraité de la fortune cherche des
jouissances imaginaires, et qu'il aurait été barbare de vouloir ôter au peuple des hommes dans lesquels il pouvait
trouver encore quelques consolations.

Dans le procès de l'ex-roi, Danton montra, non pas une
colère brutale, mais une fermeté logique : il demanda
d'abord l'impression de toutes les pièces et de toutes les
opinions relatives au procès; il fit remarquer que la disser-
tation du rapporteur sur l'inviolabilité n'était pas complète,
qu'il y aurait beaucoup à y ajouter; qu'il serait facile de

prouver que les peuples aussi sont inviolables, qu'il n'y avait pas de contrat sans réciprocité, et qu'il était évident que si le ci-devant roi avait voulu violer ses sermens, trahir, perdre la nation, il était dans la justice éternelle qu'il fût condamné.

Pendant le vote sur l'appel nominal, un incident survint à l'occasion de quelques troubles que l'on croyait provoqués par les représentations des spectacles. On invoquait en faveur des théâtres les principes de liberté; Danton ramena l'Assemblée à la question par ces paroles terribles : « Oui, il s'agit » de la liberté : il s'agit de la tragédie que vous devez donner » aux nations; il s'agit de faire tomber sous la hache des lois » la tête d'un tyran, et non de misérables comédies. »

Il vota pour la mort ainsi :

« Je ne suis point de cette foule d'hommes d'état (1) qui » ignorent qu'on ne compose point avec les tyrans; qui igno- » rent qu'on ne frappe les rois qu'à la tête; qui ignorent » qu'on ne doit rien attendre de ceux de l'Europe que par la « force de nos armes. Je vote pour la mort du tyran. »

Après l'assassinat de Lepelletier-Saint-Fargeau, de nouvelles alarmes troublèrent la Convention. Danton, qui jugeait assez bien des excès de la révolution, fit comprendre à l'Assemblée que les attentats dont on gémissait étaient la suite de cette rage révolutionnaire qui animait tous les esprits, que nulle puissance ne pourrait les arrêter, et qu'ils étaient la conséquence de la fureur d'un peuple qui n'avait jamais obtenu justice.

Quand la royauté fut abolie, Danton pensa qu'il fallait diriger toute l'énergie, toutes les agitations du peuple vers la guerre; qu'il fallait, pour épargner les sueurs et le sang

---

(1) Cette qualification avait été donnée par Marat aux *Girondins*.

des citoyens, développer la force nationale, faire la guerre à l'Europe. Nos armées, qui avaient fait des prodiges dans un moment critique, feraient bien plus quand elles seraient secondées. « Chacun de nos soldats, dit-il, croit qu'il vaut » deux cents esclaves : si on leur disait d'aller à Vienne, ils » iraient à Vienne, ou à la mort. Citoyens, prenez les rênes » d'une grande nation ; élevez-vous à sa hauteur. »

Apres les premiers échecs de Dumourier, il chercha à le justifier; c'est que sans doute il croyait au patriotisme comme au talent militaire de ce chef. Il fit remarquer que l'armée de Belgique était dans une déplorable position ; qu'on ne lui avait pas envoyé les renforts promis depuis le commencement de l'année. Plus tard, on lui reprocha l'amitié de ce général traître; mais on eut tort, car les crimes sont personnels, et les amis d'un coupable ne sont pas solidaires de ses fautes.

Dans la séance du 8 mars 1793, Danton fit décréter par acclamation que tous les citoyens emprisonnés pour dettes seraient mis en liberté.

« Il est, dit-il, une classe d'hommes qu'aucun crime n'a » souillés, qui a des bras, mais qui n'a pas de liberté, c'est » celle des malheureux détenus pour dettes. C'est une honte » pour l'humanité, pour la philosophie, qu'un homme, en » recevant de l'argent, puisse hypothéquer sa personne et sa » sûreté... Tout Français ne peut être privé de sa liberté » que pour avoir forfait à la société. Que les propriétaires » ne s'alarment point. Sans doute, quelques individus se » sont portés à des excès; mais la nation, toujours juste, » respectera les propriétés. Respectez la misère, et la misère » respectera l'opulence. Ne soyons jamais coupables envers » le malheureux, et le malheureux, qui a plus d'âme que » le riche, ne sera jamais coupable. »

5

Dans les jours de danger, Danton savait inspirer à la Convention son courage et son audace. A la tribune, il semblait défier tous les rois de l'Europe ; sa voix enfantait des bataillons à la république , et l'on peut dire qu'il sauva la France encore, lorsque dans la séance du 10 mars 1793, il sut provoquer les mesures que commandait le danger. Il parla ainsi à la Convention :

« Nos ennemis font leurs derniers efforts : Pitt sent bien
» qu'ayant tout à perdre, il ne doit rien épargner. Prenons
» la Hollande, et Carthage est détruite, et l'Angleterre ne peut
» plus vivre que pour la liberté. Que la Hollande soit conquise
» à la liberté, et l'aristocratie commerciale elle-même, qui
» domine en ce moment le peuple anglais, s'élèvera contre le
» gouvernement qui l'aura entraîné dans cette guerre de
» despotisme contre un peuple libre. Elle renversera ce mi-
» nistère stupide qui a cru que les talens de l'ancien régime
» pouvaient étouffer le génie de la liberté qui plane sur la
» France. Ce ministère renversé par l'intérêt du commerce,
» le parti de la liberté se montrera, car il n'est pas mort ; et
» si vous donnez la main aux étrangers qui soupirent après
» la destruction de toute espèce de tyrannie, la France est
» sauvée et le monde est libre. Faites-donc partir vos com-
» missaires, soutenez-les par votre énergie ; qu'ils partent ce
» soir, cette nuit même ; qu'ils disent à la classe opulente :
» Il faut que l'aristocratie de l'Europe, succombant sous
» nos efforts, paie notre dette ou que vous la payiez. Le peu-
» ple n'a que du sang, il le prodigue ; allons, misérables,
» prodiguez vos richesses? Voyez, citoyens, les belles desti-
» nées qui vous attendent... Quoi ! vous avez une nation
» entière pour levier, la raison pour point d'appui, et vous
» n'avez pas encore bouleversé le monde? — Il faut pour
» cela du caractère, et la vérité est qu'on en a manqué. Je

» mets de côté toutes les passions ; elles me sont toutes par-
» faitement étrangères, excepté celles du bien public. Dans
» des circonstances plus difficiles, quand l'ennemi était aux
» portes de Paris, j'ai dit à ceux qui gouvernaient alors :
» Vos discussions sont misérables ; je ne connais que l'en-
» nemi, battons l'ennemi. Vous qui me fatiguez de vos con-
» testations particulières, au lieu de vous occuper du salut
» de la république, je vous répudie tous comme traîtres à
» la patrie ; je vous mets tous sur la même ligne... Je leur
» disais : Eh ! que m'importe ma réputation ? Que la France
» soit libre, et que mon nom soit flétri ! Que m'importe
» d'être appelé buveur de sang ? eh bien ! buvons le sang
» des ennemis de l'humanité, s'il le faut ; combattons, con-
» quérons la liberté...

» La situation nationale est cruelle ; le signe représenta-
» tif n'est plus en équilibre dans la circulation ; la journée
» de l'ouvrier est au-dessous du nécessaire ; il faut un grand
» moyen correctif. Conquérons la Hollande, ranimons en
» Angleterre le parti républicain, faisons marcher la France,
» et nous irons glorieux à la postérité... Remplissez ces
» grandes destinées ; point de débats, point de querelles, et
» la patrie est sauvée. »

Un jour après, quand Beurnonville envoie sa démission
de ministre de la guerre à la Convention, Danton demande
que les ministres puissent désormais être pris partout, même
dans la Convention. Il invoque le besoin d'une plus grande
cohésion, d'un rapprochement plus immédiat entre les agens
du pouvoir exécutif chargés de défendre la liberté contre
toute l'Europe, et l'assemblée chargée de la direction suprême de la législation ; il fait remarquer que la Convention
n'est pas un corps constitué, mais un corps chargé de constituer tous les pouvoirs, de fonder tous les principes de la

république, et qu'elle n'en violera aucun si, exerçant toute la latitude de ses pouvoirs, elle prenait le talent partout où il existait, pour le placer partout où il pouvait être utile.

Que l'on ne croie pas que Danton, qui longtemps avait été ministre de la justice, songeait à rentrer au ministère : il jura par la patrie qu'il n'y rentrerait jamais, parce que dans son poste actuel il se croyait plus utile à pousser, à faire marcher la révolution, et qu'il se réservait encore la faculté de dénoncer les ministres qui pourraient, par malveillance ou impéritie, trahir la confiance publique.

Danton fut envoyé ensuite en Belgique avec le député Lacroix, comme commissaire de la Convention. Il vit de près Dumourier, dont il s'était fait précédemment une idée trop bonne; et bientôt il s'assura qu'il n'y avait plus rien à attendre de ce général pour la république. Ennuyé de sa mission, qui durait à peine depuis deux semaines, impatient de revenir à Paris pour *pousser la révolution*, il partit; et son premier soin, à son retour, fut de demander le rappel de Dumourier.

Nommé membre du Comité d'exécution ou de Salut public, le 3 avril 1793, il montra, en face des mêmes dangers, la même audace et la même énergie. Il voyait bien que la révolution n'était pas hors de combat; et de nouveau, il vint émouvoir la Convention.

« Il faut enfin, dit-il, que la Convention soit un corps
» révolutionnaire; il est temps qu'elle déclare la guerre la
» plus implacable aux ennemis de l'intérieur. Quoi! la
» guerre civile est allumée de toutes parts, et la Convention
» reste immobile! un tribunal révolutionnaire est créé, qui
» devait punir tous les conspirateurs, et ce tribunal n'est
» pas encore en activité! Que dira donc ce peuple? car il
» est prêt à se lever en masse ; il le doit, il le sent. Il dira :

» Quoi donc! des passions misérables agitent nos représen-
» tans, et cependant les contre-révolutionnaires tuent la
» liberté!... La révolution ne peut marcher, ne peut être
» consolidée qu'avec le peuple; ce peuple en est l'instru-
» ment, c'est à vous de vous en servir. En vain, dites-vous,
» que les sociétés populaires fourmillent de dénonciations
» absurdes, de dénonciateurs atroces... Eh bien! que n'y
» allez-vous? Une nation en révolution est comme l'airain
» qui bout et se régénère dans le creuset. La statue de la
» liberté n'est pas fondue. Le métal bouillonne, et si vous
» n'en surveillez le fourneau, vous en serez tous brûlés...

    » Je demande que, dans toute la république, chaque ci-
» toyen ait une pique aux frais de la nation; je demande
» que le tribunal révolutionnaire soit mis en activité; je
» demande que la Convention déclare au peuple français, à
» l'Europe, à l'univers, qu'elle est un corps révolution-
» naire, qu'elle est résolue à maintenir la liberté, à étouffer
» les serpens qui déchirent le sein de la patrie. »

Dans la séance du 1er avril, le député Lasource accusa
Danton d'avoir participé à un complot de Dumourier pour
rétablir la royauté. Outre que cette accusation était absurde,
aucun fait ne pouvait en faire naître le soupçon : Danton
n'eut donc pas de peine à se justifier pleinement. Il appela
scélérat un membre de l'Assemblée qui le comparait à Crom-
well. Sa défense, éloquente et pleine de mouvemens impétueux, provoqua des applaudissemens tels qu'on n'en avait
jamais entendus au pied de la tribune.

Non, Danton ne voulut jamais la royauté : toute sa vie
repousse une pareille injure; et s'il est vrai qu'il ait regardé
quelquefois, dans les momens de crise, la dictature comme
un moyen de salut, ce n'était que pour fonder plus solide-
ment une république durable. Cette opinion, qu'il partagea

avec Marat, devait naître dans ces intelligences supérieures, auxquelles l'avenir semblait se révéler.

C'est ce qu'il fit comprendre à l'occasion de la proposition du comité de défense générale de décréter un comité d'exécution dans le sein de la Convention, au moment où les revers se succédaient, où un vaste plan de contre-révolution couvrait la France, où la trahison était partout. Il monta à la tribune et dit :

« Nous voulons repousser et anéantir la conjuration des
» rois; nous sentons que telle est la nature des circons-
» tances, telle est la grandeur du péril qui nous menace,
» qu'il nous faut un développement extraordinaire des for-
» ces et des mesures de salut public, qu'il nous faut un
» pouvoir nouveau, toujours dans la main de la Conven-
» tion, et qu'elle puisse anéantir à volonté. Mais je pense
» que ce plan doit être médité, approfondi. Je crois qu'une
» république, tout en proscrivant les dictateurs et les trium-
» virs, n'en a pas moins le pouvoir et même le devoir de
» créer une autorité terrible, lorsque telle est la violence de
» la tempête qui agite le vaisseau de l'état, qu'il est impos-
» sible, pour le sauver, d'agir avec les seuls principes de
» l'art. Et qui donc pourrait être usurpateur? Rapprochons-
» nous fraternellement, il y va du salut de tous. Si la con-
» juration triomphe, elle proscrira tous ceux qui auront
» porté le nom de patriotes, quelles qu'aient été les nuan-
» ces. »

Dans la séance du 5 avril, Danton fait décréter qu'une garde du peuple sera salariée par la nation; que, dans toute la France, le prix du pain sera dans une juste proportion avec le salaire du pauvre, et que l'excédant sera payé par le riche.

Le 12 avril, il fait décréter que la Convention ne s'immiscera pas dans le gouvernement des autres puissances, mais qu'elle s'ensevelirait sous ses ruines plutôt que de souffrir qu'aucune puissance s'immisçât dans le régime de la république et influençât la constitution qu'elle voulait se donner. Il fait en même temps décréter la peine de mort contre quiconque proposerait une transaction autre que celle qui aurait pour base les principes de la liberté.

Pendant le mois de mai il combattit la commission des Douze, dont l'esprit réactionnaire pouvait entraîner la république dans de graves dangers.

Cette commission proposa un décret, dont le premier article est ainsi conçu :

« La Convention nationale met sous la sauve-garde spé-
» ciale des bons citoyens la fortune publique, la représen-
» tation nationale et la ville de Paris. »

Ce décret était absurde, parce qu'en subtance, ses dispositions se trouvaient dans les lois préexistantes; et Danton s'éleva vivement contre son adoption. Il fit remarquer que, bien que cet article n'eût rien de mauvais en soi, il était indigne de l'assemblée de se faire des lois pour elle-même, et que ce serait décréter la peur. Malgré ces raisons, le décret fut adopté.

La commission des Douze ne tarda pas à donner de nouveaux motifs d'improbation et de blâme. Elle fit enlever le président d'une section de Paris pendant la nuit du 28 mai 1793. Une députation de cette section vient s'en plaindre à la barre de la Convention. Le président Isnard veut passer outre, et continuer la discution à l'ordre du jour, mais Robespierre demande la parole contre la commission des Douze. Un débat tumultueux s'engage, pour savoir si l'on s'occuperait de la liberté d'un citoyen, ou si l'on passerait à l'ordre de jour. On demande l'appel nominal pour savoir si

Robespierre sera entendu. La partie droite de l'assemblée s'y oppose. Au milieu de ce grand tumulte, la voix de Danton éclate et domine toutes les voix : il déclare qu'il résistera; puis il s'élève avec violence contre cette commission impopulaire que la commune de Paris, sentinelle avancée de la liberté, renversa bientôt. « Si la commission, dit-il, con-
» serve le pouvoir tyrannique qu'elle a exercé et qu'elle vou-
» lait, je le sais, étendre sur des membres de cette assem-
» blée; si le fil de la conspiration n'est pas rompu; si les
» magistrats du peuple, si les bons citoyens ont encore à
» craindre des arrestations arbitraires, alors, après avoir
» prouvé que nous passons nos ennemis en prudence, en
» sagesse, nous les passerons en audace et en vigueur ré-
» volutionnaire. »

Dans la séance du 28 mai, un pétitionnaire ose venir insulter une partie de la Convention, qu'il appelle *minorité turbulente*, et demande qu'on retire des mains du peuple les instrumens révolutionnaires.

Danton s'oppose à l'impression du discours prononcé par ce pétitionnaire, et parle ainsi :

« Personne plus que moi ne respecte le droit de pétition;
» mais ordonnerez-vous l'impression d'une adresse où l'on
» dit qu'il faut arracher au peuple les instrumens de révo-
» lution? Si j'entends bien ce que signifient ces mots, cela
» veut dire la faculté de se réunir pour délibérer sur les af-
» faires publiques. Or, les pétitionnaires nous ont demandé
» ce qu'il nous est impossible de faire : car le peuple fran-
» çais est au-dessus de nous; il est digne de se servir de ces
» instrumens de révolution, il est tout prêt à les tourner
» contre ses ennemis. Le peuple, avec ces mêmes instru-
» mens, saura, quand il le voudra, faire rentrer en un seul
» jour, dans le néant, les hommes assez stupides pour croire

» qu'il y a de la distinction entre le peuple et les citoyens.
» Il serait ridicule de livrer à l'impression une pétition par
» laquelle quelques honnêtes gens de section viennent cen-
» surer ici la minorité. Songez que, si l'on se vante d'avoir
» contre nous la majorité, vous avez dans la république (et
» Paris en offre l'exemple) une majorité immense. Il est
» temps que le peuple ne se borne plus à la guerre défen-
» sive, et qu'il attaque tous les fauteurs du modérantisme;
» il est temps que nous marchions fièrement dans la car-
» rière; il est temps que nous raffermissions les destinées de
» la France; il est temps de signaler notre courage, et que
» nous nous coalisions contre les complots de ceux qui vou-
» dront détruire la république. Nous avons montré de l'é-
» nergie un jour, et nous avons vaincu. Paris ne périra pas :
» aux brillantes destinées de la république se joindront cel-
» les de cette cité fameuse que les tyrans voulaient anéan-
» tir. Paris sera toujours la terreur des ennemis de la li-
» berté, et ses sections, dans les grands jours, lorsque le
» peuple s'y réunira en masse, feront toujours disparaître
» ces misérables *feuillans*, ces lâches *modérés*, dont le
» triomphe est d'un moment. »

L'assemblés rejeta la demande de l'impression de la pétition.

Le 25 juillet 93, Danton fut élu président de la Convention; et pendant qu'il fut au fauteuil, on n'entendit que rarement sa voix, qui avait tant de retentissement dans l'assemblée, et qui allait même faire peur aux hommes qui s'é-
taient coalisés au-delà des frontières pour faire envahir la
France par les armées ennemies.

Cependant il ne pouvait rester inactif, et toujours il mar-
chait vers les résultats sublimes de la liberté, de la justice
et de la raison. Tous les principes nobles et généreux ani-

maient son âme et sa voix; et c'est avec un étonnement plein d'admiration qu'on fait l'analyse de ses travaux, de ses discours.

Un patriote qui, nommé à un emploi public pour récompense nationale, ne pouvait offrir un cautionnement, lui donna occasion de développer les idées nouvelles sur cette théorie des cautionnemens. Il pensait que, si les fonctionnaires sont comptables de deniers, ce n'est point une responsabilité matérielle qu'il faut exiger d'eux, mais une responsabilité morale; que c'était là une rouille de l'ancien régime à faire disparaître, et qu'enfin il fallait, lorsque la loi n'appelait aux fonctions publiques que les vertus et les talens, n'exiger aucune garantie pécuniaire.

Ce principe fut décrété avec raison : car le cautionnement est une chose inutile et immorale dans une république, où la probité doit toujours être présumée, où la vertu est la seule garantie. Dans une monarchie où la corruption et la cupidité sont toujours les ressorts du gouvernement, la théorie des cautionnemens est bonne : c'est une mesure nécessaire, parce que la concussion se présume toujours.

Danton parla aussi pour les pauvres noirs d'Amérique, si malheureux, qui avaient tant à redouter l'aristocratie *cutanée*. Il aurait voulu lancer la liberté dans le nouveau monde, afin, disait-il, qu'elle pût y porter des fruits abondans et y pousser de profondes racines.

Le 13 ventôse an II, il proposa à la Convention d'accorder, par un décret, des terres et des bestiaux aux soldats républicains mutilés dans les combats.

Danton appuya fortement la proposition de décréter qu'à partir du 1er août 93, les assignats à l'effigie royale au-dessus de cent livres, n'auraient plus un cours forcé de monnaie et ne seraient reçus qu'en paiement des biens nationaux, des contributions arriérées, et pour l'emprunt forcé. Il justifia cette mesure en ces termes :

« Il y a trop de signes représentatifs en circulation : il
» faut que ceux qui possèdent immensément paient la dette
» nationale. Quels sont ceux qui supportent la misère pu-
» blique, qui versent leur sang pour la liberté, qui combat-
» tent l'aristocratie financière et bourgeoise? Ce sont ceux
» qui n'ont pas en leur pouvoir un assignat de cent livres.
» Frappez ; que vous importent les clameurs des aristo-
» crates? Lorsque le bien sort en masse de la mesure que
» vous prenez, vous obtenez la bénédiction nationale.....
» Les riches frémissent de ce décret ; mais je sais que ce qui
» est funeste à ces gens est avantageux pour le peuple.»

Puis il réveille de nouveau l'énergie de la Convention contre les ennemis de la France.

« Le peuple, dit-il, a, par l'acceptation de la constitu-
» tion, contracté l'engagement de se déborder tout entier
» contre ses ennemis. Eh bien! soyons terribles, faisons la
» guerre en lions.... Remarquez que dans la Vendée on fait
» la guerre avec plus d'énergie que nous : on fait marcher
» de force les indifférens. Nous, qui stipulons pour les gé-
» nérations futures, nous, que l'univers contemple, nous,
» qui, même en périssant tous, laisserons des noms illus-
» tres, comment se fait-il que nous envisageons dans une
» froide inaction les dangers qui nous menacent? Comment
» n'avons-nous pas déjà entraîné sur les frontières une
» masse immense de citoyens? Déjà dans plusieurs dépar-
» temens, le peuple s'est indigné de cette mollesse, et a
» demandé que le tocsin du réveil général fût sonné. Le
» peuple a plus d'énergie que vous. La liberté est toujours
» partie de la base. Si vous vous montrez dignes du peu-
» ple, il vous suivra, et vos ennemis seront exterminés. »

Un autre jour il s'écrie : « Jurons que nous nous vouons
» tous à la mort, ou que nous anéantirons les tyrans. »

Ce cri unanime : « Nous le jurons ! » plusieurs fois répété, fit trembler la voûte de la salle.

Dans la discussion du décret sur l'instruction publique,
il développa deux grands principes trop méconnus dans le
monde : le premier, c'est que chaque homme doit pouvoir
développer les moyens moraux qu'il a reçus de la nature;
le second, que les institutions forment les mœurs. Il dit
que, si l'on ne décrétait pas l'éducation impérative, on ne
devait pas du moins priver les enfans du pauvre de l'éducation. La plus grande objection était tirée des dépenses que
nécessiterait le mode d'éducation proposé; mais il démontra qu'il n'y avait pas de dépense réelle là où était le bon
emploi pour l'intérêt public, ajoutant ce principe, que l'enfant du peuple serait élevé aux dépens du superflu des
hommes à fortunes scandaleuses. Il fallait doter le peuple
de l'éducation nationale; il fallait semer dans le vaste champ
de la république, sans compter le prix de la semence ; car
après le pain , l'éducation est le premier besoin du peuple.
« Allons donc a l'instruction commune, dit-il; tout se ré-
» trécit dans l'éducation domestique, tout s'agrandit dans
» l'éducation commune. » C'était la base sur laquelle il
fallait fonder l'avenir de la république; c'était le moyen de
réformer les mœurs, de préparer une génération nouvelle
aux vertus républicaines ; et la corruption, les mauvais sentimens des hommes qui alors s'agitaient avec des vues di-
vergentes, des desirs exclusifs, étaient propres à démontrer
la nécessité d'une éducation nationale. Danton fit les plus
grands efforts pour faire réussir cette conception utile. Il
voulait une éducation toute populaire , où toute la nation
pût se retremper et sortir comme un métal pur d'un creuset

commun. On objectait des difficultés, on opposait des raisons spécieuses, et surtout les liens de la famille. Mais l'a-
mour du bien public ne détruit pas la piété filiale ni l'a-
mour paternel. On peut aimer des enfans qui grandissent
pour la liberté, comme on aime ceux qui grandissent dans
l'oisiveté et qui ne s'instruisent que des vanités et des vices
du monde. « Moi aussi, disait Danton, je suis père, plus
» que les aristocrates, car je suis sûr de ma paternité. » Il en
concluait qu'un père pouvait, sans étouffer en lui les sentimens de la nature, confier l'éducation d'un fils à la nation.

« Les enfans, dit-il, appartiennent à la république avant
» d'appartenir à leurs parens. On ne peut arracher les en-
» fans à leurs pères, mais ceux-ci ne peuvent les soustraire
» à l'influence nationale. Qu'importe la raison d'un individu
» devant la raison nationale? Qui ignore le danger que peut
» produire l'isolement perpétuel? C'est dans les écoles na-
» tionales que les enfans doivent sucer le lait républicain.
» La république est une et indivisible. L'instruction publique
» doit aussi se rapporter à ce centre d'unité. A qui d'ail-
» leurs accorderait-on cette faculté de s'isoler? c'est au riche
» seul; et que dirait le pauvre contre lequel peut-être on
» élèverait des serpens? »

Il demanda donc qu'il y eût des établissement nationaux
où les enfans seraient instruits, nourris et logés gratuitement;
et des classes, où les citoyens qui voudraient garder leurs
enfans chez eux, pourraient les envoyer s'instruire.

La vie de Danton fut un exemple de ces retours soudains
de la fortune, de ces caprices inouïs du destin, ou plutôt
de l'erreur des hommes qui, par une fatalité déplorable,
enlevèrent à la république les seuls chefs qui, l'ayant fondée, pouvaient la sauver et lui assurer un avenir. Les passions, les haines personnelles semblent avoir été attisées

par un esprit infernal, par un ennemi caché, qui, voyant que l'Europe entière ne pouvait vaincre ces redoutables enfans de la liberté, savait les faire entretuer.

Cependant, après que les dangers qu'avait courus la république furent passés, le rôle de Danton se trouva fini; il avait accompli la révolution antérieure, la destruction de la monarchie, la défense révolutionnaire, la levée en masse; c'était le rôle actif et le plus glorieux.

Mais ensuite il s'agissait d'organiser la république; après l'ardeur de l'homme révolutionnaire, il fallait le calme et le travail du législateur, l'énergie spéculative de l'homme d'Etat contre les derniers obstacles. Danton n'était pas propre à ce rôle; Robespierre et Saint-Just étaient les chefs qui devaient accomplir cette tâche non moins difficile.

Danton alors s'aigrissait dans sa puissance oisive. Il censurait le nouveau gouvernement, et il avait tort, car le système de Robespierre était le seul qui pût sauver la république. La gloire de Danton était belle; il devait appuyer de l'autorité de sa renommée le nouveau gouvernement, et ne pas chercher à l'entraver.

Dès le 13 frimaire an II (décembre 1793) Danton put prévoir son sort, dans la société des Jacobins, où l'on avait déjà montré quelque défiance injuste à son égard : il s'en plaignit avec amertume.

« Ai-je donc, dit-il, perdu ces traits qui caractérisent la
» figure d'un homme libre? Ne suis-je pas ce même homme
» qui s'est trouvé à vos côtés dans les momens de crise?
» Ne suis-je pas celui que vous avez souvent embrassé
» comme votre ami, et qui doit mourir avec vous? J'ai été
» l'un des plus intrépides défenseurs de Marat; j'invoquerai
» l'ombre de l'*Ami du peuple* pour me justifier. »

Robespierre crut devoir le justifier; mais bientôt, soit que cet implacable ennemi de tout *modérantisme* fût trompé par de lâches dénonciations ; soit qu'il jugeât Danton comme dangereux à la république, il le présenta comme réellement coupable à l'imagination trop crédule du jeune Saint-Just, qui fut chargé du rapport, au nom du comité de salut public ; et Danton, impliqué dans un complot chimérique, méprisa les charges de l'accusation, qui non seulement étaient futiles, mais ne reposaient que sur des faits étrangers aux chefs de l'accusation, sur des déductions fausses tirées des circonstances les plus insignifiantes. Saint-Just, aveuglé par un zèle outré, ne voyait pas que, quand le comité de salut public n'avait aucun danger réel devant lui, il se trouvait tourmenté d'une vague inquiétude, qu'il suspectait tout le monde sans discernement ; que l'on prenait facilement de faux bruits, les radoteries des émigrés, des étrangers, pour des faits ou des révélations sérieuses. Pour chercher des présomptions à défaut de preuves, Saint-Just alla jusqu'à relever des opinions émises dans des conversations familières : ainsi, il accusa Danton d'avoir comparé l'opinion publique à une femme de mauvaise vie ; d'avoir dit que la gloire et la postérité étaient des chimères.

Cependant le tribunal révolutionnaire, qui jugeait Danton, prit les charges de l'accusation pour sérieuses, ou plutôt fut offensé par les paroles et l'attitude du fier républicain : il prononça la peine de mort après l'avoir mis *hors des débats*, c'est-à-dire après l'avoir privé du droit de se défendre. Danton eut pour compagnon d'échafaud Camille Desmoulins. Il mourut avec courage, sûr, comme il le disait, que, si sa demeure allait être le néant, son nom vivrait dans le Panthéon de l'histoire.

Danton fut un fidèle républicain : il mourut sans renier

ses principes. Seulement il dut maudire les passions qui poussaient la république à sa perte.

Son talent, son imagination ardente, la générosité de son âme, qui n'eut rien des passions lâches et sanguinaires, se sont révélées au ministère et à la tribune d'une manière éclatante; il promettait encore des progrès qui l'eussent placé bien haut dans l'estime d'une nation libre. Son caractère d'homme privé était bon et humain, ses goûts étaient simples : Fabre d'Églantine disait de lui que son tempérament l'entraînait à la campagne, aux bains, aux choses innocentes. Il a prouvé combien son cœur était plein de sympathie pour les classes pauvres et malheureuses, auxquelles la révolution n'a fait que jeter une lueur d'espérance trompeuse.

MICHEL LEPELETIER.

Michel Lepeletier, fils de Lepeletier de Saint–Fargeau, président à mortier au parlement de Paris, naquit en 1760, et reçut une éducation des plus parfaites. Dans son enfance il aimait l'étude des anciens auteurs, et il écrivit, sur la vie d'Épaminondas, un discours qui serait jugé digne d'un académicien. Il entra de bonne heure dans la magistrature, comme avocat du roi au Châtelet. Il se distingua ensuite comme avocat général, et enfin à l'âge de 25 ans il devint, par hérédité, président à mortier. Dans cette éminente charge, le jeune magistrat montra la sagesse d'un vieillard dans les jugemens. Il donna en exemple une vie pure et laborieuse, et quand la révolution commença, il attendit avec calme sa nouvelle destinée, sans ambition, tout dévoué à ses fonctions et ne recherchant aucuns suffrages. Cependant l'assemblée de la banlieue de Paris le nomma député aux états–généraux.

Michel Lepeletier comprit la nécessité de la révolution; il la pressentit et se dévoua sincèrement à son avenir, en faisant, sans regret, le sacrifice de tous les priviléges dont il jouissait. Devançant même les décrets de l'Assemblée nationale, il écrivit, au doyen de la collégiale de Saint-Far-

geau, qu'il renonçait à tous ses droits féodaux et se char-
geait de payer la taille et la corvée de tous les habitans pauvres du comté de Saint-Fargeau. Ces nobles sacrifices
diminuèrent beaucoup sa fortune qui était considérable.
Embrassant avec conscience les principes de l'égalité sociale et politique, il fit à l'Assemblée nationale, dans la
séance du 19 juin 1790, la motion que tout individu fût
obligé de porter son nom de famille au lieu du nom d'un
lieu dont il aurait été seigneur, et en conséquence, il ne se
nomma plus que Michel Lepeletier.

Ce que l'on admirait le plus dans Michel Lepeletier,
c'était son abnégation de lui-même, son patriotisme plein
de foi, sa conduite réglée par la raison seule de ses principes, avec calme, sans enthousiasme comme sans faiblesse.
Il était sans passion, comme aussi sans retour sur lui-même;
intègre et vertueux par caractère et par habitude. Il ne fut
pas révolutionnaire, mais acceptant la révolution à mesure
qu'elle s'accomplissait, il travaillait avec amour et dévouement pour elle : il l'adoptait comme un père qui adopte des
enfans qui lui viennent par hasard. Les principes politiques
de la révolution étaient pour lui les principes de l'éternelle
raison, de la sagesse et de l'humanité; il les concevait mer-
veilleusement et les préconisait. Les excès inséparables des
discordes et des ébranlemens de la société, l'affligeaient
sans le désespérer et sans affaiblir son amour pour la liberté
et le bonheur du peuple.

Avec les mœurs d'un Spartiate il avait toute l'ardeur d'un
législateur sur qui pèse la destinée d'un peuple. Il s'oubliait
entièrement lui-même pour ne s'occuper que de la chose
publique, et sa vie offre le plus beau sacrifice que l'homme
puisse faire à ses semblables. Il sacrifia au peuple français
son intelligence, sa fortune et sa vie. Toute sa capacité, tous

ses instans furent employés à l'œuvre gigantesque qui s'opéra de 1789 à 1793.

Peu soucieux de sa renommée, il travailla davantage à fonder la république. Il voulait que ses fondemens fussent inébranlables; il voulait surtout que l'on régénérât le peuple par les mœurs et les lois. Les travaux arides mais utiles ne le rebutaient point; et il approfondissait toujours les questions qu'il savait être importantes.

Dans la discussion de la question du droit de paix et de guerre, Michel Lepeletier prononça un discours remarquable par sa concision. Il soutint que le droit de déclarer la guerre ne pouvait être définitivement délégué qu'au Corps-Législatif, en indiquant des tempéramens pour arrêter les inconvéniens de cette attribution. Il fit remarquer que dans l'état actuel des relations politiques, ce serait compromettre la liberté de la nation que de déléguer au roi le droit de faire la guerre; il rappela qu'on conduisait le peuple romain au siége de Veïes lorsqu'il osait réclamer ses droits. On invoquait, pour l'opinion contraire, la faculté qu'aurait la nation de refuser les subsides, et l'exemple de l'Angleterre. Quant à la première raison, Lepeletier dit que la faculté du refus de subsides n'était pas libre; que la nation, maîtrisée par des circonstances impérieuses, serait forcée à continuer ses secours pour l'armée dont le roi aurait ordonné la marche; et quand, à l'exemple de l'Angleterre, il fit remarquer que la nation anglaise, placée dans une île, n'avait rien à craindre des manœuvres étrangères; que les forces navales étaient peu redoutables à la liberté publique; que d'ailleurs le principe de sa puissance résidant dans le parlement, divisé en deux Chambres qui avaient chacune un *veto*, d'où résultait une inaction momentanée, le parlement ne pourrait exercer ce droit de paix et de guerre, qui ne convient qu'à une puissance toujours active et dont les déterminations ne peuvent être arrêtées; qu'en France, l'unité des élémens du Corps-Législatif le rendait seul propre à exercer le droit de faire la guerre et de faire les traités d'alliance et de commerce, sauf à laisser au roi la faculté des précautions provisoires.

Les connaissances qu'avait Lepeletier sur le droit criminel, et ses idées philosophiques, le déterminèrent à se charger du Code pénal, qu'il présenta à l'Assemblée constituante, comme rapporteur des comités de constitution et de législation criminelle. C'était un travail grand et difficile. Le législateur ne pouvait se proposer une compilation des lois antérieures : il descendit dans les sombres régions des crimes, pour y contempler, disait-il, le plus affligeant spectacle, celui de l'homme coupable et celui de l'homme souffrant. Il vit qu'il n'existait aucun rapport entre les délits et les peines, nulles proportions entre les peines et les différens délits; que le méchant était poussé par la loi même au dernier degré du crime; que la législation criminelle, incohérente avait des dispositions dont l'asburdité féroce ne trouvait de remède que dans l'abus des interprétations et modifications arbitraires. La nécessité d'un nouveau système de pénalité était d'autant plus grande, que déja l'Assemblée constituante avait adopté un nouveau système de procédure criminelle; car l'établissement du jury excluait toute interprétation arbitraire, et l'interprétation seule temperait la barbarie et les vices des anciennes lois pénales.

Michel Lepeletier avait en vue de concilier, dans le nouveau système des peines, les principes d'humanité qui l'animaient, et la néssité de la repression efficace des crimes. En conséquence, après avoir élagué tous ces crimes imaginaires, tels que l'hérésie, la lèse-majesté divine, le sortilège et la magie, tout le Code de la ferme « monument honteux d'oppression et de despotisme, tarif abject de l'honneur, de la liberté, de la vie des hommes ; qui bonifiait un privilége par une concession des lois pénales, et améliorait une régie par quelques lettres–patentes de galères ou de mort » ; les Codes des capitaineries, des chasses, des eaux et forêts, de la librairie ; il développa sa théorie des peines, en posant pour premier principe que toute loi pénale devait–être humaine, pour établir que c'était là le premier caractère d'une bonne loi pénale, et fit remarquer que chez tous les peuples où les peines étaient les plus cruelles, les crimes étaient les plus fréquens et les plus horribles ; qu'en y montant l'échelle des peines, on réussissait à punir les crimes, mais qu'on ne pouvait jamais parvenir à les réprimer, à les prévenir. Il s'attacha ensuite à définir tous les autres caractères qu'il supposait à une bonne institution pénale, savoir : que des peines, quoique modérées, pouvaient être efficaces si elles étaient justement graduées ; qu'il devait exister des rapports exacts entre la nature du délit et la nature de la punition ; que l'on devait établir l'égalité des peines, de manière que tous les hommes fussent couverts par le même crime de la même infamie, quels qu'ils fussent, et qu'on pût voir le ministre prévaricateur confondu avec la tourbe des criminels ; qu'il fallait établir pour chaque délit une peine fixe et déterminée ; qu'enfin, le système pénal devait avoir ce double effet, et de punir le coupable et de le rendre meilleur.

Cherchant par quels caractères les peines pourraient atteindre ce but moral , M. Lepeletier dit que la source la plus ordinaire des crimes, était le besoin, enfant de l'oisiveté ; que le système des peines devait donc être assis principalement sur la base du travail, mais que son but serait manqué si, faisant du travail le tourment même du condamné, il augmentait encore son aversion naturelle ; qu'il devait donc être porté au travail par le sentiment du besoin ; que le travail devait être pour lui le moyen d'arriver à un état moins pénible, d'adoucir sa position dans la proportion du zèle avec lequel il s'y serait livré.

Il voulait encore introduire dans les peines un principe humain et moral, c'était leur décroissance en approchant du terme fixé à leur durée, et il voulait enfin qu'elles fussent temporaires.

Comparant ces principes aux peines usitées , il démontra tous les vices, toutes les horreurs inutiles de ces peines barbares, le feu, la roue, la marque, la claie, le carcan, le pilori, l'amende-honorable ; puis, avant de présenter le projet du nouveau Code, il examina cette question de savoir si la peine de mort formerait ou non l'un des élémens de la législation criminelle.

Un illustre criminaliste, Beccaria, avait dit que la peine de mort n'est et ne peut pas être un droit ; Michel Lepeltier prouva la légitimité de ce droit, en disant que la société, ainsi que les individus, avait la faculté d'assurer sa propre conservation par la mort de quiconque la mettait en péril. « Mais, dit-il, si le fond du droit est incontestable, de la nécessité seule dérive la légitimité de son exercice ; et de même qu'un particulier n'est dans le cas de l'homicide pour légitime défense, que lorsqu'il n'a que ce seul moyen pour sauver sa vie. Ainsi la société ne peut légitimement exercer le droit de vie et de mort, que lorsqu'il est démontré impossible d'opposer au crime une autre peine suffisante pour le réprimer. »

Il pensa donc que l'on pouvait employer des punitions non moins efficaces pour l'exemple, et qu'il fallait rejeter la peine de mort. Pour motiver son opinion, il dit que cette peine opérait un grand mal pour les mœurs publiques, et n'avait aucune efficacité pour arrêter le crime; que les préjugés, les vices, le crime même, avaient souvent avec la vertu cet élément commun, le mépris de la mort; que pour le criminel, l'espérance d'éviter la peine est à côté du crime; de même que le soldat qui monte à l'assaut, voit l'espérance au haut des tours qu'il escalade; que la peine de mort étant réservée aux grands crimes, dont l'atrocité est le principe, et les grands criminels étant des hommes au cœur vigoureusement féroce, capables de courir le hasard d'une mort prompte, ou de la supporter sans désespoir, elle serait impuissante à les retenir; qu'enfin, par une longue expérience, l'inefficacité et l'inutilité de cette peine étaient prouvées.

« Dans un pays libre, dit-il en terminant ces considérations, toutes les institutions doivent porter dans le cœur du citoyen l'énergie et le mépris de la mort; vos lois au contraire, auront pour effet de lui inspirer l'épouvante, en présentant la mort comme le plus grand des maux qu'on ait pu opposer aux plus grands crimes.

« Considérez cette foule immense que le spectacle d'une exécution appelle dans la place publique; quel est le sentiment qui l'y conduit? Est-ce le desir de contempler la vengeance de la loi? et en voyant tomber sa victime, de se pénétrer d'une religieuse horreur pour le crime? Le bon citoyen est-il meilleur ce jour là en regagnant sa demeure? l'homme pervers abjure-t-il le complot qu'il méditait? Non, Messieurs, ce n'est pas un exemple; c'est à un spectacle que ce peuple accourt; une curiosité cruelle l'y invite; cette vue flatte et entretient dans son âme une disposition immorale et farouche : souvent le même crime pour lequel l'échafaud est dressé trouve des imitateurs au moment où le condamné subit sa peine, et plus d'une fois on volait sur la place publique au milieu de la foule entassée pour voir pendre un voleur.

» Malheur à la société si, dans cette multitude qui contemple avidement une exécution, il se trouve un de ces êtres disposés au crime par la perversité de leurs penchans ! Son instinct, semblable à celui des animaux féroces, n'attend peut-être que la vue du sang pour s'éveiller, et déjà son âme est endurcie au meurtre, à l'instant où il quitte l'enceinte trempée par le sang que le glaive des lois a versé.

» Quel saint et religieux respect vous inspirerez pour la vie des hommes, lorsque la loi elle-même abdiquera le droit d'en disposer ! Tant que le fer sacré n'est pas suspendu au fond du sanctuaire, le peuple qui l'aperçoit pourra céder à l'illégitime pensée de s'en attribuer l'usage ; il offensera la loi en voulant la défendre ; il sera peut-être coupable et cruel par patriotisme et par vertu. Dans les secousses d'une révolution, dans les prémiers élans de la liberté, n'avons-nous pas vu..... Mais, détonrnons de funestes souvenirs, et tout en déplorant des erreurs passées qui nous affligent, tarissons-en la source en adoucissant, en tempérant, en sanctifiant les mœurs publiques par la grande et touchante leçon d'humanité que nos lois peuvent donner aux peuples. »

Lepeletier développa encore d'autres motifs pour demander l'abolition de la peine de mort ; il dit que cette peine était immorale, nonseulement parce qu'elle alimentait le sentiment de la cruauté ; mais, parce que, en inspirant la pitié, elle allait directement contre son objet ; que c'était un grand malheur lorsque la vue du supplice faisait céder le souvenir du crime à l'intérêt qu'inspirait le condamné, et que cet effet était toujours auprès de la peine de mort ; qu'il ne fallait que quelques circonstances extérieures pour que l'indignation publique se tut, et que tel sur l'échafaud avait été plaint par le peuple, dont le peuple, avant le jugement, demandait la tête à grands cris ; qu'enfin, la peine de mort n'avait pas toujours été justement prononcée, et qu'entre tous les avantages que présentait la suppression de cette peine, c'était une pensée consolante d'imaginer qu'à chaque instant les erreurs de la justice pourraient être efficacement réparées.

Mais il fallait substituer une peine à la peine capitale, et il était de la sagesse du législateur de croire à l'efficacité de cette nouvelle peine, pour défendre la société contre le crime. Lepeletier proposait que le condamné fut exposé pendant trois jours sur un échafaud dressé dans la place publique ; qu'il y fût attaché à une potençe, chargé des mêmes fers qu'il devait porter pendant la durée de sa peine ; que son nom, son crime, son jugement, fussent tracés sur un écriteau placé au-dessus de sa tête ; que cet écriteau présentât également les détails de la punition qu'il devrait subir ; qu'il fût ensuite détenu dans un cachot obscur, voué à une entière solitude, et nourri seulement avec du pain et de l'eau. Toute peine devant être humaine, il voulait qu'elle fût temporaire, et il en fixait la durée de douze à vingt-quatre ans, et proposait encore que sa rigueur en fut adoucie progressivement.

Cependant, Lepeletier réservait la peine de mort pour le chef de parti, déclaré rebelle par un décret du Corps-Législatif, et qui devait mourir, disait-il, moins pour expier son crime, que pour la sûreté de l'État.

Il termina ainsi son rapport :

» Dans tout État il faut sans doute des lois pénales ; car le crime, cette funeste maladie du corps social, nécessite trop souvent un pénible et fâcheux remède ; mais en politique ainsi qu'en physique, l'art qui prévient le mal est mille fois plus certain et plus salutaire que celui qui le guérit.

» Cette éternelle vérité n'a pas échappée à votre sagesse, et tout nous offre ou nous promet, dans l'ensemble de nos lois, le supplément le plus efficace du code pénal.,...

» C'est dans l'avenir que les mœurs publiques, véritablement régénérées, atteindront la hauteur de notre nouvelle constitution.

» C'est l'avenir qui, en effaçant peu à peu ces inégalités monstrueuses dans le partage de la richesse et de la pauvreté, étendra plus généralement et plus uniformément sur toutes les classes de citoyens le bien être d'une aisance heureuse.

» Enfin, l'avenir recueillera surtout les fruits de cette éducation nationale qui, douant tous les enfans de la patrie de connaissances, d'arts, de métiers utiles, et surtout de vertus, formera des hommes libres et bons, et arrachera au crime jusqu'à la séduction du besoin.

» Ces utiles institutions peuvent bien plus que toutes les lois pénales. Avec leurs secours, la rigueur des peines est moins nécessaire : une bonne police avec de bonnes mœurs, voilà ce qu'il faut pour un peuple libre, au lieu de supplices. Partout où règne le despotisme, on a remarqué que les crimes se multiplient davantage ; cela doit être, parce que l'homme y est dégradé ; et l'on pourrait dire que la liberté, semblable à ces plantes fortes et vigoureuses, purifie bientôt de toute production malfaisante le sol heureux où elle a germé. »

L'Assemblée Constituante n'adopta pas la proposition de la suppression de la peine de mort. Cette mesure, d'une grande sagesse, aurait sans doute prévenu les désastreuses conséquences des discordes politiques, où l'on vit les passions animer les hommes jusqu'au point de leur faire mépriser l'échafaud qu'ils devaient craindre. Bien que la plupart des autres principes sur lesquels était basé le projet présenté par Lepelletier aient été adoptés par l'Assemblée, le code qui fut décrété n'offrit pas une réforme complète de la législation pénale.

L'esprit du projet de code pénal était remarquable en ce que le législateur s'y proposait deux points éminemment sages. Le premier, c'était de laisser au condamné les moyens de rentrer dans la vie civile avec l'estime de ses concitoyens, par le repentir et la réhabilitation morale ; de faire peser l'infamie sur le crime plus que sur l'individu ; le second, c'était d'établir une juste proportion entre les peines, les délits et les crimes. Enfin, la déportation offrait un moyen nécessaire pour purger la société des condamnés en état de récidive, que l'on regardait comme une humeur vicieuse dont la société ne devait pas être infectée.

La modération qui était dans son caractère l'eût rendu impopulaire dans un temps où il fallait suivre l'élan et l'enthousiasme, sous peine d'être soupçonné d'un esprit contraire à la révolution ; mais ses vertus, son devoûment aussi profond qu'il était calme, lui acquirent une estime qui n'en fut que plus solide. Quand on sembla lui reprocher sa modération, il répondit modestement : « Je n'ai pas l'honneur d'avoir fait la révolution, mais je le dis avec vérité, je l'ai suivie fidèlement, sans le moindre écart ; je l'ai embrassée avec ardeur ; je l'ai admirée, je l'ai aimée, et je la défendrai constamment. » Il fut nommé président de l'Assemblée nationale.

Lepelletier se prononça contre la revision de l'acte constitutionnel. Il pensait alors qu'il était dangereux de donner,

par an, trente millions au chef du pouvoir exécutif; que de
trop grandes richesses ne pourraient bien servir là qu'à
corrompre les mandataires du peuple et même l'esprit public. Dès qu'il vit qu'on voulait restreindre les droits du
peuple, il disait qu'il était temps qu'on remplaçât l'Assemblée constituante par une autre, parce que le mal de l'intrigue y était déjà profond; il pensait que le défaut de sincérité et de fidélité dans le monarque et les conseillers, porterait nécessairement la France vers le gouvernement républicain, et dans un espace de temps très rapproché, si la
guerre se déclarait.

Quand l'Assemblée législative vint remplacer la constituante, Lepeletier alla présider l'administration du département de l'Yonne, dans lequel était située la terre de Saint
Fargeau, le manoir de Saint Fargeau, bâti par le célèbre et
infortuné Jacques Cœur. Quelques mois avant la déclaration
de la guerre, il vint à l'Assemblée législative, rendre compte
de l'état de ce département, et après avoir parlé de l'opinion
publique qui y régnait, il ajouta : « Et nous appelons opi-
» nion publique, le sentiment ferme et profond de ceux qui
» servent la patrie dans les différens postes où la confiance
» les a placés ; de ces bons et laborieux cultivateurs qui,
» sous l'influence heureuse de la liberté, fécondent nos
» campagnes affranchies; des commerçans, dont l'industrie
» ranimée trouve dans nos lois bienfaisantes une vie nou-
» velle ; enfin, de ces hommes essentiellement nécessaires à
» l'État, qui vivent du travail de leurs bras, et à force de
» sueurs élèvent encore leurs familles. C'est dans ces classes
» utiles que nous voyons le peuple français, c'est là que
» nous cherchons son opinion. C'est parmi ces hommes que
» la constitution trouve des cœurs pour l'aimer, et des bras
» pour la défendre.

Il termina son discours par ces paroles qui étaient prophétiques :

« Où est donc, Messieurs, la puissance qui pourrait vous
» entraver dans votre marche? Serait-ce un monarque lié à
» la constitution par sa volonté, par son intérêt, par l'exer-
» cice le plus libre de sa prérogative? Serait-ce des minis-
» tres perfides? une responsabilité sévère les menace. Se-
» rait-ce des prêtres hypocrites? mais notre juste fermeté va
» bientôt faire tomber le masque; ils ne seront plus redou-
» tables. Serait-ce quelques clameurs dont les échos du
» Rhin retentissent? l'antre de l'agiotage les répète, assu-
» rant des gains impurs sur le jeu des terreurs et des espé-
» rances..... mais vous vous êtes couverts de vos armes, et
» toute la France a applaudi.

» Serait-ce enfin des rois étrangers, Messieurs? Non,
» loin de nous il existe un grand exemple, et une bien re-
» doutable leçon. Dans les plaines de Morat, chez les Suisses
» nos bons alliés, quatre simples murailles forment une as-
» sez vaste enceinte; on y lit cette inscription : *Le duc de*
» *Bourgogne étant entré en Suisse avec son armée, a laissé*
» *ces seules traces de son passage.* Ces traces sont les osse-
» mens de quarante mille Bourguignons.

» Puisse la justice et la liberté triompher, sans élever à la
» vengeance un aussi terrible monument. »

Après la journée du 10 août, il maintint la tranquillité
publique dans le département de l'Yonne, qui le nomma
député à la Convention nationale. Il disait alors : « heureux
» les fondateurs de la république française, dussent-ils payer
» ce bonheur au prix de leur sang ! »

Ce fut dans le commencement de la Convention que l'on
entendit de vives réclamations contre la liberté de la presse,
dont les abus effrayaient quelques esprits. Lepeletier, après

avoir distingué la licence de la presse d'avec sa liberté ; après avoir fait sentir combien l'une est peu dangereuse chez un peuple éclairé, et combien l'autre est utile à la société, démontra l'impossibilité de faire une bonne loi sur la presse, parce que si l'on prohibait ses délits d'une manière générale, la loi pouvait servir à punir des innocens, à persécuter les concitoyens, à rendre les tribunaux juges arbitraires des pensées, et à enchaîner la liberté. Que si au contraire on voulait caractériser les délits, la loi resterait sans effet, parce qu'alors les malfaiteurs, sachant se mettre hors des termes de la loi, ne seraient plus punissables par elle.

Quant au délit de provocation, il fit cette sage remarque : « la provocation est ou directe ou indirecte ; si l'on se sert » du mot *indirecte*, on trouvera des crimes partout ; toute » espèce d'expression pourra donner lieu à un procès crimi- » nel, et il n'est pas un écrivain qui ne puisse être empri- » sonné en vertu d'un commentaire ; si l'on se sert du mot » de provocation *directe*, la loi devient illusoire. »

Dans le procès de Louis VXI, il réfuta le système de l'inviolabilité, en disant que le caractère de l'inviolabilité dont il s'agissait, n'était point un privilége personnel à l'individu royal, que c'était un privilége national ; que cette inviolabilité n'était point absolue, qu'elle était seulement relative, et ne pouvait être opposée pour le salut personnel du roi, contre l'intérêt de la nation, et la nation elle-même.

Lepeletier rappela qu'il avait demandé l'abolition de la peine de mort, que cette peine devait être bannie du Code pour tous, hors les chefs de parti, et il vota la mort de Louis VXI (1).

____

(1) Lepeletier avait adopté sincèrement les principes républicains. Lors-

Lorsque la Convention nationale eut proclamé la république, Lepeletier, qui était convaincu de l'excellence de ce gouvernement, pensa cependant qu'il fallait reprendre la France en sous-œuvre, pour ainsi dire, et de la base fortement assise et consolidée, remonter au sommet ; et que ce qui constituait l'essence du gouvernement républicain, c'étaient les habitudes, les idées et les mœurs du peuple. Il sentit la nécessité d'une éducation nationale, qui devait être mise en pratique immédiatement, et il travailla aussitôt avec ardeur à un plan qu'il se proposait de soumettre à la Convention sur ce sujet.

Ce plan d'éducation nationale, qui était à peine achevé lorsque sa mort vint consterner la nation, fut lu quelques temps après à l'Assemblée par Robespierre, qui l'admirait et qui en fit l'éloge qu'il méritait.

L'instruction publique avait déjà été l'objet d'une discussion dans la Convention nationale ; mais ce qui y fut dit ne remplissait pas l'idée que Lepeletier s'était formée d'un plan complet d'éducation ; il concevait, disait-il, une plus vaste pensée, et considérant à quel point l'espèce humaine était dégradée par le vice de l'ancien système social, il s'é-

---

qu'il présidait le département de l'Yonne, il s'était ainsi exprimé sur le devoir de se prononcer en politique :

« Loin de nous cet engourdissement politique, ce poison destructeur de
» toute énergie, le froid modérantisme... alliage monstrueux de la servitude
» et de la liberté ; sentiment mixte, système faux dans les temps de crise,
» que Solon punissait de mort dans Athènes; qu'en France tous les partis
» flétrissent par le mépris ; impuissant pour la chose publique, fatal à ce-
» lui-là même qui l'adopte, et dont les demi-moyens, épuisés bien avant le
» terme de la carrière, nous la font voir toute jonchée des débris de tant de
» réputations échouées, de tant de héros avortés, qui n'ont pu fournir la car-
» rière de la révolution tout entière. »

tait convaincu de la nécessité d'opérer une entière régénération, de créer un nouveau peuple.

Former des hommes, provoquer les connaissances humaines, telles étaient les deux parties du problème à résoudre. La première, constituait l'éducation ; la seconde, l'instruction. Celle-ci, quoique offerte à tous, devait, par la nature même des choses, ne convenir qu'à un petit nombre de membres de la société, à raison de la différence des professions et des talens. Celle-là devait être commune à tous, et universellement bienfaisante. Quant à l'instruction publique, Lepeletier trouva les vues déjà présentées, satisfaisantes. Il ne traita donc que l'éducation, qui devait être générale pour tous, et qui était la dette de la république pour tous. Cette éducation commune devait cesser lorsque l'âge des professions était arrivé, parce que, pour chacune, l'instruction devait être différente, et qu'il était impossible de réunir dans une même école l'apprentissage de toutes.

« Prolonger, dit-il, l'éducation publique jusqu'à la fin de l'adolescence, est un beau songe. Quelquefois nous l'avons rêvé délicieusement avec Platon ; quelquefois nous l'avons lu avec enthousiasme, réalisé dans les fastes de Lacédémone ; quelquefois nous en avons retrouvé l'insipide caricature dans nos collègues ; mais Platon ne faisait que des philosophes ; Lycurgue ne faisait que des soldats ; nos professeurs ne faisaient que des écoliers. La république française, dont la splendeur consiste dans le commerce, l'industrie et l'agriculture, a besoin de faire des hommes de tous les états : alors, ce n'est plus dans les écoles qu'il faut les renfermer ; c'est dans les divers ateliers, c'est sur la surface des campagnes qu'il faut les répandre ; toute autre idée est une chimère qui, sous l'apparence trompeuse de la perfection, paralyserait des bras nécessaires, anéantirait l'industrie, amai-

grirait le corps social, et bientôt en opérerait la dissolution. »

Voici donc comment Lepeletier concevait l'éducation publique. Elle devait, sans nuire aux arts ni à l'agriculture, leur préparer, au contraire, une nouvelle prospérité ; elle devait leur emprunter quelques années de l'enfance, mais pour leur rendre bientôt des bras plus vigoureux et doués encore de toute la flexibilité du premier âge.

La population devait ainsi recevoir de puissans encouragemens. Les mères, par leur propre intérêt, devaient être ramenées au plus doux des devoirs, à celui d'allaiter elles-mêmes leurs enfans. Jusqu'à cinq ans, l'enfance serait moins abandonnée à une pernicieuse incurie ; des encouragemens et des lumières conserveraient à la république une foule innombrable de ces êtres malheureux que la nature constitua pour vivre, et que la négligence condamnait chaque année à périr. Depuis cinq ans jusqu'à douze, c'est-à-dire dans cette portion de la vie si décisive pour donner à l'être physique et moral la modification, l'impression, l'habitude qu'il conserverait toujours, tout ce qui devait composer la république serait jeté dans un moule républicain. Là, traités tous également, nourris également, vêtus également, enseignés également, l'égalité serait pour les jeunes élèves, non une spécieuse théorie, mais une pratique continuellement effective.

Une race renouvelée se formerait ainsi, laborieuse, réglée, disciplinée, et séparée par une barrière impénétrable du contact impur des préjugés de notre espèce avilie.

Tous les enfans réunis, indépendans du besoin par la munificence nationale, recevraient tous également la même instruction, les mêmes connaissances ; et les circonstances particulières de l'éloignement du domicile, de l'indigence

7

des parens, ne rendraient illusoire pour aucun le bienfait
de la patrie. La pauvreté serait secourue dans ce qui lui
manquait, et la richesse, dépouillée d'une portion de son
superflu : et, sans crise, sans convulsions, ces deux maladies du corps politique s'atténueraient insensiblement.

« Depuis longtemps elle est attendue, dit Lepeletier,
» cette occasion de secourir une portion nombreuse et inté-
» ressante de la société ; les révolutions qui se sont passées
» depuis trois ans, ont tout fait pour les autres classes de
» citoyens, presque rien encore pour la plus nécessaire peut-
» être, pour les citoyens prolétaires dont la seule propriété
» est dans le travail.

» La féodalité est détruite, mais ce n'est pas pour eux ;
» car ils ne possèdent rien dans les campagnes affranchies.

» Les contributions sont plus justement réparties ; mais,
» par leur pauvreté même, ils étaient presque inaccessibles
» à la charge : pour eux, le soulagement est aussi presque
» insensible.

» L'égalité civile est rétablie, mais l'instruction et l'édu-
» cation leur manquent ; ils supportent tout le poids du ti-
» tre de citoyen ; ont-ils vraiment aptitude aux honneurs
» auxquels le citoyen peut prétendre ?

» Jusqu'ici l'abolition de la gabelle est le seul bien qui
» ait pu les atteindre, car la corvée n'existait déjà plus, et
» momentanément ils ont souffert par la cherté des denrées,
» par le ralentissement du travail, et par l'agitation insépa-
» rable des tempêtes politiques.

» Ici est la révolution du pauvre..... mais, révolution
» douce et paisible, révolution qui s'opère sans alarmer la
» propriété, et sans offenser la justice. Adoptez les enfans
» des citoyens sans propriété, et il n'existe plus pour eux
» d'indigence. Adoptez leurs enfans, et vous les secourez

» dans la portion la plus chère de leur être. Que ces jeunes
» arbres soient transplantés dans la pépinière nationale ;
» qu'un même sol leur fournisse ses sucs nutritifs ; qu'une
» culture vigoureuse les façonne ; que, pressés les uns con-
» tre les autres, vivifiés comme par les rayons d'un astre
» bienfaisant, ils croissent, se développent, s'élancent tous
» ensemble et à l'envi sous les regards et sous la douce in-
» fluence de la patrie. »

Nous devons faire connaître le projet de décret proposé
par Lepeletier à la Convention nationale, car ce fut son plus
beau titre à la reconnaissance de ses concitoyens. Ce projet
renfermait tout son plan d'éducation nationale.

ARTICLES GÉNÉRAUX.

ARTICLE I.

Tous les enfans seront élevés aux dépens de la république,
depuis l'âge de cinq ans jusqu'à douze, pour les garçons;
et depuis cinq ans jusqu'à onze, pour les filles.

II.

L'éducation nationale sera égale pour tous ; tous recevront même nourriture, mêmes vêtemens, même instruction, mêmes soins.

III.

L'éducation nationale étant la dette de la république envers tous, tous les enfans ont droit de la recevoir, et les parens ne pourront se soustraire à l'obligation de les faire
jouir de ces avantages.

IV.

L'objet de l'éducation nationale sera de fortifier le corps

des enfans, de le développer par des exercices de gymnas tique, de les accoutumer au travail des mains, de les endurcir à toute espèce de fatigue, de les plier au joug d'une discipline salutaire, de former leur cœur et leur esprit par des instructions utiles, et de leur donner les connaissance s qui sont nécessaires à tout citoyen, quelle que soit sa profession.

V.

Lorsque les enfans seront parvenus au terme de l'éducation nationale, ils seront remis entre les mains de leurs parens ou tuteurs, et rendus aux travaux des divers métiers et de l'agriculture, sauf les exceptions qui seront spécifiées ci-après, en faveur de ceux qui annonceraient des talens et des dispositions particuliers.

VI.

Le dépôt des connaissances humaines et de tous les beaux-arts, sera conservé et enrichi par les soins de la république ; leur étude sera enseignée publiquement et gratuitement par des maîtres salariés par la nation. Leurs cours seront partagés en trois degrés d'instruction : les écoles publiques, les instituts, les lycées.

VII.

Les enfans ne seront admis à ces cours qu'après avoir parcouru celui de l'éducation nationale.

Ils ne pourront être reçus avant l'âge de douze ans aux écoles publiques.

Le cours d'études y sera de quatre années ; il sera de cinq dans les instituts, et de quatre dans les lycées.

VIII.

Pour l'étude des belles-lettres, des sciences et des beaux-arts, il en sera choisi un sur cinquante ; les enfans qui auront été choisis, seront entretenus aux frais de la république, auprès des écoles publiques, pendant le cours d'études de quatre ans.

IX.

Parmi ceux-ci, après qu'ils auront achevé ce premier cours, il en sera choisi la moitié, c'est-à-dire ceux dont les talens se seront développés davantage ; ils seront également entretenus aux dépens de la république, auprès des instituts, pendant les cinq années du second cours d'études.

Enfin, moitié des pensionnaires de la république qui auront parcouru avec plus de distinction le degré d'instruction des instituts, sera choisie pour être entretenue auprès du lycée, et y suivre le cours d'études pendant quatre années.

X.

Le mode de ces électious sera déterminé ci-après.

XI.

Ne pourront être admis à concourir ceux qui, par leurs facultés personnelles, ou celles de leurs parens, seraient en état de suivre, sans les secours de la république, ces trois degrés d'instruction.

XII.

Le nombre et l'emplacement des écoles publiques, des instituts et des lycées, le nombre des maîtres et le mode de l'instruction, seront déterminés ci-après.

DE L'ÉDUCATION NATIONALE.

ARTICLE I.

Il sera formé dans chaque canton, un ou plusieurs établissemens d'éducation nationale, où seront élevés les enfans de l'un ou de l'autre sexe, dont les pères et mères, ou, s'ils sont orphelins, les tuteurs, seront domiciliés dans le canton.

Pour les villes, les enfans de plusieurs sections pourront être réunis dans le même établissement.

II.

Lorsqu'un enfant aura atteint l'âge de cinq ans accomplis, ses père et mère, ou s'il est orphelin, son tuteur, seront tenus de le conduire à la maison d'éducation nationale du canton, et de le remettre entre les mains des personnes qui y sont préposées.

III.

Les pères et mères ou tuteurs, qui négligeraient de remplir ce devoir, perdront les droits de citoyens, et seront soumis à une double imposition directe, pendant tout le temps qu'ils soustrairont l'enfant à l'éducation commune.

IV.

Lorsqu'une femme conduira un enfant âgé de cinq ans à l'établissement de l'éducation nationale, elle recevra de la république, pour chacun des quatre premiers enfans qu'elle aura élevés jusqu'à cet âge, la somme de cent livres ; le double pour chaque enfant qui excédera le nombre de quatre jusqu'à huit ; et enfin trois cents livres pour chaque enfant qui excédera ce dernier nombre.

Aucune mère ne pourra refuser l'honneur de cette récompense ; elle n'y aura droit qu'autant qu'elle justifiera, par une attestation de la municipalité, qu'elle a allaité son enfant.

V.

Il sera rédigé avec simplicité, briéveté et clarté, une instruction indicative des attentions du régime et des soins qui peuvent contribuer à la conservation et à la bonne santé des enfans pendant la grossesse des mères, le temps de la nourriture, du sevrage, et jusqu'à ce qu'ils aient l'âge de cinq ans.

VI.

La Convention invite les citoyens à concourir à la rédaction de cette instruction, à adresser leur ouvrage à son comité d'instruction publique.

L'auteur de l'instruction qui aura été jugée la meilleure, et adoptée par la Convention, aura bien mérité de la patrie, et recevra une récompense de vingt-quatre mille livres.

VII.

A la tête de cette instruction, sera imprimé l'article ci-après.

VIII.

Les officiers publics chargés de recevoir les déclarations des mariages et des naissances, seront tenus de remettre un exemplaire de cette instruction à chaque personne qui se présentera devant eux pour déclarer son mariage.

IX.

Tous les enfans d'un canton ou d'une section seront, autant qu'il sera possible, réunis dans un seul établissement ; il y aura pour cinquante garçons un instituteur, et pour pareil nombre de filles, une institutrice.

Dans chacune de ces divisions, les enfans seront classés de manière que les plus âgés seront chargés de surveiller et de faire répéter les plus jeunes, sous les ordres de l'inspecteur, de l'instituteur ou de l'institutrice, ainsi qu'il sera expliqué par le réglement.

X.

Durant le cours de l'éducation nationale, le temps des enfans sera partagé entre l'étude, le travail des mains et les exercices de la gymnastique.

XI.

Les garçons apprendront à lire, écrire, compter, et il leur sera donné les premières notions du mesurage et de l'arpentage.

Leur mémoire sera cultivée et développée ; on leur fera apprendre par cœur quelques chants civiques, et le récit des traits les plus frappans de l'histoire des peuples libres, et de celle de la révolution française.

Ils recevront aussi des notions de la constitution de leur pays, de la morale universelle, et de l'économie rurale et domestique.

XII.

Les filles apprendront à lire, à écrire, à compter ; leur mémoire sera cultivée par l'étude des chants civiques, et quelques traits de l'histoire, propres à développer les vertus de leur sexe.

Elles recevront aussi des notions de morale et d'économie domestique et rurale.

XIII.

La principale partie de la journée sera employée par les
enfans de l'un et l'autre sexe au travail des mains.

Les garçons seront employés à des travaux analogues à
leur âge ; soit à ramasser, à répandre des matériaux sur les
routes, soit dans les ateliers des manufactures qui se trou-
veraient à portée des maisons d'éducation nationale, soit à
des ouvrages qui pourraient s'exécuter dans l'intérieur
même de la maison : tous seront exercés à travailler à la
terre.

Les filles apprendront à filer, à coudre et à blanchir ;
elles pourront être employées dans les ateliers de manufactures qui seront voisines, ou à des ouvrages qui pourront
s'exécuter dans l'intérieur de la maison d'éducation.

XIV.

Ces différens travaux seront distribués à la tâche, aux
enfans de l'un et l'autre sexe.

La valeur de chaque tâche sera estimée et fixée par l'administration des pères de famille, dont il sera parlé ci après.

XV.

Le produit du travail des enfans sera employé ainsi qu'il
suit:

Les neuf dixièmes en seront appliqués aux dépenses de
la maison ; un dixième sera remis à la fin de chaque semaine à l'enfant, pour en disposer à sa volonté.

XVI.

Tout enfant de l'un et l'autre sexe, âgé de plus de huit ans, qui dans la journée précédente, si c'est un jour de travail, n'aura pas rempli une tâche équivalente à sa nourriture, ne prendra son repas qu'après que les autres enfans auront achevé le leur, et il aura la honte de manger seul, ou bien il sera puni par une humiliation publique qui sera indiquée par le réglement.

XVII.

Les momens et les jours de délassemens seront employés à des exercices de gymnastique, qui seront indiqués par le règlement. Les garçons seront formés en outre au maniement des armes.

XVIII.

Aucun domestique ne sera employé dans les maisons d'éducation nationale. Les enfans les plus âgés, chacun à leur tour, et sous les ordres et l'inspection des instituteurs et institutrices, rempliront les diverses fonctions du service journalier de la maison, ainsi qu'il sera expliqué par le réglement.

XIX.

Les enfans recevront également et uniformément, chacun suivant leur âge, une nourriture saine, mais frugale ; un habillement commode, mais grossier ; ils seront couchés sans mollesse ; de telle sorte que, quelque profession qu'ils embrassent, dans quelques circonstances qu'ils puissent se trouver durant le cours de leur vie, ils apportent

l'habitude de pouvoir se passer de commodités et des su-
perfluités, et le mépris des besoins factices.

XX.

Dans l'intérieur, ou à portée des maisons d'éducation nationale, seront placés, autant qu'il sera possible, les vieillards ou infirmes hors d'état de gagner leur vie, et qui seront à la charge de la commune.

Les enfans seront employés chacun à leur tour, suivant
leur force et leur âge, à leur service et assistance.

XXI.

Les établissemens de l'éducation nationale seront placés
dans les édifices publics, maisons religieuses ou habitations
d'émigrés, s'il en existe dans le canton. S'il n'en existait
point, les corps administratifs sont autorisés à choisir un
local convenable dans les châteaux dépendant des ci-devant
fiefs, après avoir toutefois payé aux propriétaires la juste et
préalable indemnité. Enfin, à défaut de ces ressources, il
sera pourvu autrement à la formation la plus économique
(et par devis) de ces établissemens.

XXII.

Chaque instituteur recevra un traitement de 400 livres,
et chaque institutrice de 300 livres ; ils auront en outre le
logement, et double portion de la nourriture des enfans les
plus âgés.

XXIII.

Les dépenses des établissemens d'éducation nationale seront supportées ainsi qu'il suit :

Les récompenses fixées par l'article 4 ci-dessus, en fa-

veur des mères qui ont allaité leurs enfans, et les auront
élevés jusqu'à l'âge de cinq ans, ainsi que les traitemens en
argent des instituteurs et institutrices, seront à la charge de
la république.

Quant aux frais d'établissemens et d'entretien des maisons d'éducation nationale, à la nourriture et aux vêtemens
des enfans, et autres dépenses de la maison, il y sera
pourvu, 1° par le produit du travail des enfans, sauf la re-
tenue du dixième, dont il est autrement disposé par l'article 15 ci-dessus; 2° les revenus personnels qui pourraient
appartenir aux enfans élevés dans lesdites maisons, seront
employés à la dépense commune pendant tout le temps
qu'ils y demeureront; 3° le surplus sera acquitté comme
charge locale par toutes les personnes domiciliées dans le
canton ou section, chacun au marc la livre de ses facultés,
d'après la cote de ses impositions directes.

XXIV.

Pour régir et surveiller chaque établissement d'éducation
nationale, les seuls pères de famille domiciliés dans le canton
ou section, formeront un conseil de cinquante-deux personnes choisies parmi eux.

Chaque membre du conseil sera tenu à sept jours de sur-
veillance dans le cours de l'année; en sorte que chaque jour
un père de famille sera de service dans la maison d'éducation.

Sa fonction sera de veiller à la préparation et à la distribution des alimens des enfans, à l'emploi du temps et à son
partage entre l'étude, le travail des mains et les exercices,
à l'exactitude des instituteurs et institutrices à remplir les
devoirs qui leur sont confiés, à la propreté et à la bonne
tenue des enfans et de la maison, au maintien et à l'exécu-

tion du règlement; enfin, à pourvoir à ce que les enfans reçoivent, en cas de maladie, les secours et les soins convenables.

Le surplus et le détail des fonctions du père de famille surveillant, seront développés par le règlement.

Le conseil des pères de famille commettra en outre une administration de quatre membres, tirés de son sein, pour déterminer, selon les temps et les saisons, les alimens qui seront donnés aux enfans ; régler l'habillement, fixer les genres de travail des mains auxquels les enfans seront employés, et en arrêter le prix.

L'organisation et les devoirs, tant du conseil-général des pères de famille que de l'administration particulière, seront plus amplement déterminés par un règlement.

XXV.

Au commencement de chaque année, le conseil des pères de famille fera passer au département l'état des enfans qui auront été élevés dans la maison d'éducation nationale de leur canton ou section, et de ceux qui sont morts dans le courant de l'année précédente.

Il enverra pareillement l'état du produit du travail des enfans pendant l'année.

Les deux états ci-dessus dénoncés seront doubles, l'un pour les garçons et l'autre pour les filles.

Il sera accordé par le département une gratification de 300 livres à chacun des instituteurs de la maison dans laquelle il sera mort, pendant le cours de l'année, un moindre nombre d'enfans, comparativement aux autres maisons situées dans le département, et en observant les proportions du nombre des enfans qui y ont été élevés.

Pareille gratification sera accordée à chacun des instituteurs de la maison dans laquelle le produit du travail des enfans aura été le plus considérable, comparativement avec les autres maisons du département, et en observant aussi les proportions du nombre des enfans qui y auront été élevés. Les dispositions précédentes auront lieu pareillement en faveur des institutrices des filles.

Le département fera imprimer chaque année le nom des maisons, celui des instituteurs et institutrices qui auront obtenu cet honneur. Ce tableau sera envoyé au Corps-Législatif et affiché dans chacune des municipalités du département.

Pour la parfaite organisation des écoles primaires, il sera procédé, au concours, à la composition des livres élémentaires qui vont être indiqués, et à la solution des questions suivantes :

LIVRES ÉLÉMENTAIRES A COMPOSER.

1° Méthode pour apprendre aux enfans à lire, à écrire, à compter, et pour leur donner les notions les plus nécessaires de l'arpentage et du mesurage ;

2° Principes sommaires de la constitution, de la morale, de l'économie domestique et rurale ; récits des faits les plus remarquables de l'histoire des peuples libres et de la révolution française ; le tout divisé par leçons propres à exercer la mémoire des enfans, et à développer en eux le germe des vertus civiques et des sentimens républicains ;

3° Réglement général de discipline, pour être observé dans toutes les maisons d'éducation nationale ;

4° Instruction à l'usage des instituteurs et institutrices, de leurs obligations, des soins physiques qu'ils doivent prendre des enfans, et des moyens moraux qu'ils doivent employer pour étouffer en eux le germe des défauts et des vices ; développer celui des vertus et découvrir celui des talens.

QUESTIONS A RÉSOUDRE.

1° Quelle est la forme d'habillement complet des enfans de l'un et de l'autre sexe, le plus commode et le plus économique ?

2° Quels sont les divers genres d'alimens les plus convenables aux enfans, depuis l'âge de cinq ans jusqu'à douze?

3° Quels sont les soins et attentions physiques propres à conserver et fortifier la santé des enfans? Quels sont les exercices de gymnastique les plus propres à favoriser leur croissance, développer leurs muscles, et leur donner force, adresse et agilité ?

4° Quels sont les divers genres de travail des mains auxquels on peut le plus commodément, le plus utilement employer les enfans ?

Lepeletier avait travaillé avec ardeur à ce plan d'éducation nationale, qui fut jugé excellent par les hommes les plus éclairés de la Convention. Il en portait encore le manuscrit sur lui, lorsque le 20 janvier 1793 il fut assassiné dans un restaurant où il venait de prendre son repas, par un ancien soldat de la garde du corps de Louis XVI. Le fanatisme, et la haine que les passions politiques font fermenter dans les cœurs, ont, dans tous les temps et dans tous les partis, excité des assassinats politiqnes, et dans tous les temps les hommes des partis contraires se sont reprochés ces crimes. Mais de telles imputations ne sont aussi que l'effet des ressentimens et des haines ; et quant à l'assassinat de Lepeletier, ce fut une injustice que d'en accuser le parti royaliste.

Sa mort affligea la patrie ; tous les membres de la Convention se réunirent pour déplorer sa perte, et pour rendre hommage à ses vertus, à son patriotisme. On lui fit, aux frais de la nation, de pompeuses funérailles, et ses restes mortels furent portés au Panthéon. Le poète Chénier, Robespierre et Barrère prononcèrent son éloge. Le peintre David représenta ses traits dans un tableau qui fut placé dans la salle des séances de la Convention.

« Michel Lepeletier, a dit Marat, était également recommandable par ses lumières et ses vertus. Il n'avait point ce génie transcendant, cette énergie d'âme qui font les grands hommes ; mais il avait cette douceur de caractère, cette justesse d'esprit, cette droiture de vues, et cet amour du bien public qui font les sages..... Fidèle au devoir d'un bon citoyen, il se rangea sous les étendards de la liberté le jour même de la prise de la Bastille. Il a défendu les droits du peuple dans l'Assemblée conventionnelle, comme il les avait défendus dans l'Assemblée constituante, sans jamais composer un instant avec ses principes ; sa carrière politique a été courte, mais glorieuse. »

MARIE-JOSEPH CHÉNIER.

La France républicaine eut un nouveau Tyrtée, qui lui inspira, par des hymnes dignes des plus beaux temps de l'antiquité, le courage et l'amour de l'indépendance; qui chanta sa liberté, ses combats et sa gloire. Ce fut Chénier, dont le souvenir sera aimé dans les temps à venir.

Il était né en 1764 à Constantinople, où son père était consul-général de France près la Porte-Ottomane. Sa famille étant revenue en France, peu de temps après sa naissance, il y reçut une éducation solide et variée, puis il entra fort jeune dans un régiment de dragons. Mais il avait reçu sous le ciel d'Orient l'inspiration de la poésie, et son goût pour les belles lettres détermina bientôt sa vocation.

Au moment où les esprits semblaient se préparer à la révolution, il écrivit sa tragédie de *Charles IX*, qui eut une influence incontestable sur cette époque d'effervescence. Cette tragédie, écrite avec talent, avec chaleur, était dirigée contre l'intolérance religieuse, et le despotisme monarchique. Elle eut un succès prodigieux, parce qu'elle plaisait aux sentimens qui se manifestaient déjà avec énergie. Elle semble donc être l'expression de cette première époque de l'insurrection du peuple contre le clergé et la royauté.

8

Chénier adopta les principes de la révolution avec chaleur et foi, parce qu'il avait ces nobles et généreux sentimens qui font aimer la patrie, et surtout la liberté, sans laquelle la patrie n'est qu'une terre où l'on passe avec regret. Le souvenir des républiques anciennes lui faisait chérir l'idée de voir en France un peuple comme celui de Rome ou d'Athènes. A ses yeux la gloire et la grandeur d'un peuple étaient impossibles avec un gouvernement qui rapportait tout à une famille royale ou à des classes privilégiées. Les arts, les sciences, les victoires, dus au peuple, ne devaient glorifier que le peuple. L'homme enfin, devait être relevé de son abaissement à la dignité de son être. C'est sous l'inspiration de ces idées que Chénier écrivait des tragédies, dont les sujets, comme les sentimens qu'elles exprimaient, semblaient se rapporter aux événemens du temps, et aux sentimens qui animaient le peuple.

Après la tragédie de Charles IX, dont la représentation avait été défendue par l'ancien gouvernement comme attentatoire à la religion et à la monarchie, Chénier écrivit celles d'Henri VIII, de Caïus Graccus, de Calas, de Fénélon, de Timoléon, de Cyrus, et enfin celle de Tibère, qui ne fut pas représentée. Dans quelques unes le poète écrivit des scènes sublimes, mais en général ses œuvres souffraient de la précipitation du travail; on sent, en les lisant, qu'il avait des préoccupations trop grandes, que le génie de la poésie, qui cherche le poète dans le silence et le recueillement, le laissait souvent dans le mouvement de la foule, dans l'émotion des discordes civiles.

Les poètes sont peu propres à une vie active et positive. Leur vue semble, le plus souvent, se porter vers le passé ou vers l'avenir, tandis qu'ils ne voient pas devant eux, sous le jour qui les éclaire, les choses que le vulgaire apprécie.

Comme des esprits errans dans les airs, ils s'élèvent au-
dessus des intérêts matériels et ne comprennent pas toutes
les raisons qui font agir les hommes. Chénier aima la république, mais n'étant pas un homme politique et positif,
il ne jugea pas toujours bien les hommes et les principes;
sa conduite, dans les momens où chacun devait se prononcer, se ressentait de l'état de son âme : il avait les sentimens révolutionnaires et ne comprenait pas les conséquences
des principes les plus rationels de la révolution.

La France trouva cependant en lui l'un des citoyens le
plus digne de la représenter. Il fut nommé à la Convention
nationale, où il se rangea parmi les plus énergiques représentans du peuple, et n'abandonna jamais les principes
qu'il avait adoptés.

Dans cette grande et mémorable assemblée, où il se con-
cilia l'estime et l'amitié de tous ceux qui, avec des opinions
diverses, étaient les soutiens de la république, ses travaux ne
furent pas glorieux : il n'avait ni le talent et les connaissances
des hommes politiques, ni l'éloquence des orateurs; cependant il parla souvent avec bonheur, tantôt pour demander
que l'on votât des récompenses aux savans, aux écrivains
et aux artistes; tantôt pour proposer des mesures et des fon-
dations utiles pour la conservation des monumens, des livres,
des objets des sciences et des arts; l'établissement d'un con-
servatoire de musique; tantôt enfin pour développer des vues
judicieuses sur l'instruction publique.

Ce fut pendant qu'il siégeait à la Convention, qu'il fit cet
hymne de guerre sublime, qu'une nation de vingt cinq millions d'âmes chantait, en s'armant contre les puissances de
l'Europe coalisée, cet hymne qui seul aurait suffi pour l'im-
mortaliser. La musique noble et mâle de ce chant, semblait
transporter d'enthousiasme les bataillons républicains qui

marchaient au combat. Le vieillard et l'enfant, la jeune vierge et le guerrier faisaient partout retentir les airs de ce chant belliqueux. Nous retraçons dans cette histoire ces strophes qui expriment si bien l'ardeur et le patriotisme de nos pères, et qui nous font encore tressaillir, lorsque tout bas nous les entendons répéter comme l'écho d'une voix fugitive.

LE CHANT DU DÉPART.

HYMNE DE GUERRE.

Un représentant du peuple.

La victoire, en chantant, nous ouvre la barrière,
La liberté guide nos pas ;
Et du Nord au Midi, la trompette guerrière
A sonné l'heure des combats ;
Tremblez, ennemis de la France !
Rois, ivres de sang et d'orgueil,
Le peuple souverain s'avance ;
Tyrans, descendez au cercueil !
La république nous appelle ;
Sachons vaincre, ou sachons périr :
Un Français doit vivre pour elle ;
Pour elle, un Français doit mourir.

Chant des guerriers :

La république, etc.

Une mère de famille :

De nos yeux maternels ne craignez point les larmes ;
Loin de nous de lâches douleurs !
Nous devons triompher, quand vous prenez les armes :
C'est aux rois à verser des pleurs.
Nous vous avons donné la vie ;
Guerriers, elle n'est plus à vous ;

Tous vos jours sont à la patrie ;
Elle est votre mère avant nous.

Chœur des mères de famille :

La république, etc.

Deux vieillards :

Que le fer paternel armé la main des braves ;
Songez à nous, aux champs de Mars :
Consacrez dans le sang des rois et des esclaves
Le fer béni par vos vieillards ;
Et , rapportant sous la chaumière
Des blessures et des vertus,
Venez fermer notre paupière,
Quand les tyrans ne seront plus.

Chœur des vieillards :

La république, etc.

Un enfant :

De Barra, de Viala, le sort nous fait envie ;
Ils sont morts, mais ils ont vaincu.
Le lâche, accablé d'ans, n'a point connu la vie :
Qui meurt pour le peuple a vécu.
Vous êtes vaillans, nous le sommes ;
Guidez-nous contre les tyrans :
Les républicains sont des hommes ;
Les esclaves sont des enfans.

Chœur des enfans.

La république, etc.

Une épouse.

Partez, vaillans époux, les combats sont vos fêtes ;
Partez, modèles des guerriers :
Nous cueillerons des fleurs pour en ceindre vos têtes ;
Nos mains tresseront vos lauriers.

Et si le temple de mémoire
S'ouvrait à vos mânes vainqueurs,
Nos voix chanteront votre gloire,
Et nos flancs portent vos vengeurs.

Chœur des épouses :

La république, etc.

Une jeune fille :

Et nous, sœurs des héros, nous qui, de l'hyménée,
Ignorons les aimables nœuds,
Si, pour s'unir un jour à notre destinée,
Les citoyens forment des vœux ,
Qu'ils reviennent dans nos murailles
Beaux de gloire et de liberté!
Et que leur sang, dans les batailles,
Ait coulé pour l'égalité.

Chœur des jeunes filles :

La république, etc.

Trois guerriers :

Sur le fer, devant Dieu, nous jurons à nos pères,
A nos épouses, à nos sœurs,
A nos représentans, à nos fils, à nos mères,
D'anéantir les oppresseurs.
En tous lieux, dans la nuit profonde
Plongeant l'infâme royauté,
Les Français donneront au monde
La paix et la liberté.

Chœur général :

La république nous appelle ;
Sachons vaincre, ou sachons périr :
Un Français doit vivre pour elle ;
Pour elle, un Français doit mourir.

Chénier écrivit ensuite le *Chant de Victoire*, moins beau que le chant du départ, mais encore plein du même enthousiasme; que l'on peut admirer comme un autre chef-d'œuvre de poésie lyrique, ainsi que l'hymne qu'il avait composé pour la translation des cendres de Voltaire au Panthéon. Parmi ses travaux littéraires, outre ses tragédies, on remarque ses chants imités d'Ossian, qui révèlent un poète rival des meilleurs poètes français; quelques poèmes ou fragmens de poèmes didactiques, sur les principes des arts, sur la nature; un poème sur l'assemblée des notables de 1787; des imitations de quelques parties des Georgiques et de l'Enéide; une traduction en vers de l'art poétique d'Horace, et une traduction libre de la poétique d'Aristote, écrite avec goût et pureté.

Sans doute les préoccupations de la vie publique, les temps orageux qu'il a traversés, l'ont empêché d'achever ou de commencer des travaux qui eussent été des œuvres admirables; mais on s'étonne qu'au milieu du mouvement qui entraînait sa vie, il aît laissé cependant quelques ouvrages qui le pouvaient placer au premier rang des poètes.

Dans le procès de Louis XVI, que Chénier considérait aussi comme le procès de la royauté, il développa son opinion dans un discours éloquent et concis. Il examina ces deux questions : Louis XVI peut-il être jugé? sera-t-il jugé? « Il ne s'agit point, dit-il, de réfuter ces hypocrites et ces fanatiques, qui prétendent que la puissance vient du ciel; que les rois sont d'adoption divine. Partout la religion de la royauté va tomber avec ses temples et ses apôtres, et nous laisserons dans l'oubli cette extravagante doctrine. Les seules objections qui puissent être énoncées sans délire, viennent de la constitution et des interprétations données au texte constitutionnel. »

Après avoir réfuté l'exception de l'inviolabilité, Chénier termina ainsi son discours :

« Maintenant, Citoyens, remontez à une hauteur plus digne de la Convention nationale ; élevez-vous à ces idées primordiales de justice que la nature a gravées dans le cœur des hommes, que n'ont pu effacer les violences de la tyrannie et les habitudes de l'esclavage, que n'ont pu obscurcir les sophismes embrouillés de la théologie et de la jurisprudence, et qui se sont conservées sans altération chez tous les peuples. Écoutez cette morale naturelle, source de la morale publique, base de tout pacte social; c'est elle qui, dans les mouvemens révolutionnaires, remplit l'interrègne des lois; c'est elle qui distingue l'insurrection de la révolte, le tyrannicide de l'assassinat, la résistance à l'oppression de l'oppression même, les immortelles journées du 14 juillet et du 10 août, des nuits exécrables de la Saint-Barthélemy et du 2 septembre. Eh bien! si, dans la question qui s'agite, vous consultez cette loi éternelle, cette constitutiou de tous les peuples, elle vous dira : l'homme qui commet un crime doit être puni; l'homme qui trahit une nation commet un grand crime. Si cette nation l'a investi d'un pouvoir immense, si elle l'a comblé de bienfaits, le crime de cet homme est le plus grand qui puisse être commis.

« D'après ces considérations, citoyens, je conclus au jugement de Louis XVI. Mais avant que vous prononciez qu'il sera jugé, je demande, avec le citoyen Grégoire, que ce dernier roi des Français soit traduit à la barre de la Convention nationale. Tandis que du nord au midi, nos armées victorieuses purifient le sol qu'avait souillé la tyrannie, tandis que le tocsin de la liberté sonne, dans l'Europe entière, la première heure des nations et la dernière heure des ois, c'est à vous, citoyens, de donner au procès de Louis XVI et de la royauté cette marche imposante qui convient à la justice et à la majesté du peuple Français. »

Chénier, après s'être ainsi prononcé pour l'établissement du gouvernement républicain, demeura constant et fidèle à ce gouvernement, et fut toujours sincère dans sa conduite et ses convictions. Son caractère noble et généreux, son âme passionnée, pour la liberté et les grandes idées, se conservèrent inaltérables. Mais, comme on l'a déjà dit, il n'approfondissait pas assez les questions de politique révolutionnaire. Il avait un frère qui mourut sur l'échafaud comme déserteur des intérêts de la république. Ce malheur ne lui fit pas renier ses principes. Il fut attaché à la république tant qu'elle subsista : il la défendit, vers la fin, comme membre du tribunat, contre les envahissemens du pouvoir consulaire, et il la vit, avec regret, périr sous ce pouvoir.

On le vit ensuite remplir les fonctions d'inspecteur général de l'instruction publique; mais le règne de la liberté était fini, et l'on dit qu'il fut disgrâcié à cause d'une épître à Voltaire, qu'il écrivit alors. Napoléon, qui récompensait généreusement les hommes de génie, même lorsqu'ils n'étaient pas des courtisans, lui fit accepter une pension de huit mille francs.

La liberté n'étant plus, le poète qu'elle avait inspiré vit sa gloire ternie. Le destin de la France jeta de la tristesse sur sa vie : on n'entendit plus les chants du Tyrtée français, et il mourut en 1811.

BARRAS.

Les discordes de la révolution avaient épuisé le nombre des hommes énergiques et purs qui avaient fondé la république, et qui en avaient été ses grands législateurs. Il ne restait plus que des hommes impuissans à continuer l'œuvre dont ils n'avaient pas conçu les conditions essentielles. Le peuple s'effraya des catastrophes passées, de l'incertitude de l'avenir, et se laissa gouverner par ces hommes, qui étaient incapables de prévoir ses destins et de sauver la république.

Barras est l'un de ces hommes dont le souvenir se mêle aux causes de la décadence et des malheurs de la république, et dont l'individualité, prise à part, ne mériterait pas l'attention de la postérité, si l'on n'avait à considérer son action dans les événemens politiques.

Sous ce point de vue, la vie de Barras a été pleine d'influence sur l'époque où il prit part aux affaires. Il servit utilement la révolution dès qu'elle commença; il desira la république, et quand elle fut établie, il ne cessa de lui être attaché; comme conventionnel il marcha, sans hésiter, dans les voies révolutionnaires. A ce titre et par les événemens auxquels il eut une part active, par les hautes charges qu'il eut dans la république, il a laissé un nom illustre, quoiqu'il eut perdu l'estime des purs républicains , et que ses actions aient quelquefois été funestes aux libertés publiques.

Né en 1755 à Fox , dans le département du Var, Barras entra, fort jeune, dans la marine, avec le grade de sous-lieutenant, que lui valait le privilége des titres nobiliaires. Il se rendit à l'Ile-de-France , dont le gouverneur était son parent, et, de là , passa dans les Indes, où il assista , sous le général Bellecombe, à la perte de Pondichéry contre les Anglais ; puis, sous l'amiral de Suffren, il se trouva encore au malheureux combat de la Proya. Ces revers le décidèrent à revenir en France , où , en arrivant , il crut devoir accuser les chefs qui combattaient dans l'Inde ; il imputa à leur impéritie , à leur négligence la mauvaise fortune de la flotte française.

L'époque de son retour coïncidait avec les premiers mouvemens révolutionnaires. Il prit part à ces mouvemens, et, le 14 juillet, on le vit marcher, avec le général Lapoype, à l'attaque de la Bastille.

A cette première époque de la révolution , il était peu connu , mais il agissait pour les intérêts du peuple ; il se mêlait à ses manifestations, il desirait avec ardeur l'accomplissement et les conséquences des événemens qui devaient détruire la monarchie et la féodalité , et établir une démocratie. Il participa activement à la journée du 10 août , et devint membre de la société révolutionnaire qui se réunissait au couvent des Jacobins.

Il remplit ensuite, successivement, les fonctions d'administrateur du département du Var , de haut-juré à la Cour d'Orléans , de commissaire pour le recrutement dans les départemens des Hautes et Basses-Alpes.

Nommé à la Convention nationale, il seconda avec constance l'établissement de la république, les mesures révolutionnaires nécessitées par les dangers pressans. Il se prononça pour la condamnation de Louis XVI, qu'il vota sans les conditions d'appel ou de sursis. Il fut ensuite envoyé, comme commissaire de la Convention, à l'armée d'Italie.

Sur ces entrefaites, la ville de Toulon fut prise par les Anglais, et on en forma le blocus. Le général Dugommier commandait le siége. Barras assista à l'attaque et vit le jeune Bonaparte débuter dans sa glorieuse carrière, par la prise de cette place.

Il revint siéger à la Convention, où il vota constamment avec les députés républicains, sans cependant s'attacher à un système absolu. Il se faisait remarquer par ses résolutions hardies dans les momens de désordre et de troubles. On le considérait comme un militaire plutôt que comme un homme politique. Comme militaire ses talens ne se sont pas montrés à l'œuvre : il ne fit connaître d'autres qualités que du courage et de la résolution. Comme homme politique il manquait aussi des connaissances qui sont nécessaires pour qu'on adopte un système déterminé. C'est à ce défaut de connaissances, et non à une versatilité de caractère ou d'esprit, qu'il faut attribuer les inconséquences de sa conduite ultérieure.

Quand la Convention nationale, ou plutôt une faction de cette assemblée, fut effrayée des projets que l'on prêtait à Robespierre, elle jeta les yeux sur Barras, comme sur le seul homme qu'elle put opposer au prétendu dictateur. Barras eût prêté son appui à Robespierre, si Robespierre le lui eût demandé; car Barras ne voulait pas perdre la république. Ne pouvant pas assez bien apprécier les raisons politiques entre lesquelles il fallait se prononcer, sa détermination dépendait uniquement de l'influence que les hommes ou les événemens avaient sur lui. Ainsi, au 9 thermidor, il n'hésita pas à prendre le commandement de la force armée contre Robespierre, parce qu'il vit plus d'apparence de raison du côté d'une assemblée nombreuse.

Dans ces momens de troubles, où la guerre civile apparaît avec toutes ses horreurs, où le courage est refroidi par des sentimens d'effroi et de honte, où tous comprennent qu'ils vont jeter une tache dans l'histoire du pays, le chef qui ne se préoccupe point de ces considérations, qui n'éprouve point ces sentimens, et qui a de la résolution, peut facilement vaincre un peuple que l'émotion laisse surprendre. Barras comprima en peu d'instans l'insurrection des sections de Paris, qui s'armaient pour défendre Robespierre.

Après le 9 thermidor, Barras eut des démêlés avec la société des Jacobins dont il était membre. De misérables passions excitaient des divisions funestes; les esprits s'aigrissaient par des calomnies et des injures réciproques. Ainsi on accusait Barras de dilapidations honteuses et coupables, pour répondre aux accusations qu'il avait lancées contre les Jacobins.

Il fut successivement nommé président et secrétaire de la Convention, puis membre du Comité de salut public.

Ce ne furent ni l'influence du talent, ni une capacité reconnue qui l'élevèrent à ces hautes positions. Les circonstances faisaient sa fortune, et comme il n'avait pas d'idées ni de systèmes exclusifs, il ne s'aliénait jamais les esprits irrités des factions diverses.

Après avoir, comme un agent passif, porté un coup mortel au parti de la montagne, Barras fut assez aveugle pour accomplir des événemens funestes à la république qu'il croyait servir; et tel était l'état de découragement et de faiblesse de la nation, après les déceptions éprouvées, après les folies de l'enthousiasme, que ces libertés semblaient être abandonnées à toutes les entreprises coupables.

Lors de la création du Directoire du pouvoir exécutif, Barras devint membre de ce gouvernement qui ne fut bon qu'en théorie. Il ne montra dans ces hautes fonctions ni aptitude, ni capacité dans les affaires. On ne vit se développer dans son esprit ni vues, ni systèmes d'administration. Il semblait ne pouvoir s'appliquer à rien. Chargé de la police, il empiéta maladroitement sur les attributions de Carnot, qui ne put vivre bien avec lui. Lareveillère-Lepaux et Rewbell, hommes probes mais peu capables de gouverner un pays dont la destinée était encore incertaine, complétèrent ce Directoire, qui pouvait sauver la France et qui la livra honteusement au despotisme militaire.

Le Directoire semblait se complaire dans une vie molle et oisive, que ne troublaient ni les dangers dont la république était menacée, ni de sérieuses préoccupations de bien public. Barras avait sur ses collègues une prépondérance que ne lui valait aucune supériorité, mais seulement son caractère entier et audacieux. Quoique magistrat d'une république, il s'entourait d'une espèce de cour, composée, comme toutes les cours, des âmes vénales et corrompues qui rampent toujours vers la source des faveurs. L'enthousiasme républicain étant passé, on revenait facilement aux anciennes mœurs.

Un homme plus instruit que Barras, plus astucieux, et qui avait paru des premiers sur la scène révolutionnaire, songea alors à prendre aussi la direction des affaires de la république. Sieyès méditait le renversement de la constitution de l'an III, et la France, livrée aux intrigues misérables d'hommes sans génie et sans patriotisme, allait tomber dans l'abjection, si le général qui devait en faire un camp glorieux ne fût accouru des bords du Nil pour s'adjuger le profit de ces intrigues.

L'événement du 18 brumaire fut accompli autant par l'impéritie coupable de Barras, que par les intrigues de Sieyès et l'audace de Bonaparte. Dès que Bonaparte, premier consul, entra aux Tuileries, Barras demanda un sauf-conduit et se retira dans le fond d'une campagne, pour ne plus reparaître sur la scène politique.

Pendant l'empire, il habita successivement Bruxelles, Marseille et la campagne d'Aiguades, où, comme ces illustres romains, affligés par l'ingratitude du peuple, il s'occupait d'agriculture.

En 1813 il fut exilé à Rome. On a de la peine à comprendre cet exil, quand on se souvient que Napoléon lui avait dû ses premiers succès. On a parlé d'intrigues qu'il aurait eues avec Louis XVIII, mais rien ne justifie les accusations que l'on a portées contre lui à ce sujet, et d'ailleurs, ces accusations sont d'autant plus fausses, que Barras ne fut pas mieux traité par Louis XVIII que par Napoléon. On peut donc croire que Barras ne favorisa pas volontairement et sciemment l'élévation de Napoléon. Il agissait ordinairement sans beaucoup de réflexion, et manquait de jugement et de prévoyance, mais rien ne prouve aussi qu'il ait eu la pensée de trahir son pays et de sacrifier la république.

Barras ne concèvait pas les conditions essentielles du gouvernement républicain, parce qu'il n'avait pas assez de connaissances en politique, et c'est ce qui causa, comme nous l'avons déjà dit, les inconséquences de sa conduite. Il manquait d'ailleurs de ces vertues austères sans lesquelles les premiers magistrats des républiques ne méritent ni estime ni considération.

Lorsqu'il était membre du Directoire, il cédait aux événemens comme à toutes les influences mauvaises; d'ailleurs le mal que ressentait la nation était profond; l'abattement du peuple, après de longues convulsions, était mortel à la république, et le Directoire était impuissant, comme le Corps-Législatif, à faire renaître l'énergie et l'amour de la liberté.

Le Directoire exécutif avait paru à quelques hommes éminens, une création supérieure à celle des deux rois de Sparte, des deux consuls de Rome, des présidens des congrès, des doges de sénat, ou enfin des stathouders d'états-généraux, et qui garantissait l'affermissement de la république, le soutien du système représentatif et le progrès social. Le Directoire était choisi par les représentans de la nation, dans le conseil des *Cinq-Cents*, et confirmé dans le conseil des Anciens. On pensait que ses membres, assez nombreux pour empêcher une usurpation, n'étaient pas trop nombreux pour délibérer promptement; qu'ils formaient un système d'unité éxécutive, sans avoir les dangers de l'unité ambitieuse; qu'ils se renouvelaient en partie chaque année; qu'ils étaient responsables et soumis aux lois. On pensait enfin que les directeurs ne chercheraient qu'à signaler l'époque de leur magistrature suprême, pour bien mériter de leur concitoyens, parmi lesquels ils iraient ensuite se retremper dans l'égalité.

Quelle que fût la valeur de cette conception politique nouvelle, et après quelques heureux effets, les destins s'accomplirent, et le Directoire tomba devant la puissance militaire. Il fut anéanti par la force matérielle qu'il était censé diriger, parce qu'il éprouvait l'effet de la faiblesse dans laquelle tombait la nation. Les mœurs et les idées republicaines s'en allaient, et ce pouvoir, qui ne pouvait vivre que par elles, devait nécessairement périr.

La fortune soutint Barras pendant toute la durée de la république; et sans les erreurs que l'on ne doit cependant imputer qu'à la faiblesse de son esprit, à l'incertitude de ses conceptions politiques; sans les événemens funestes auxquels il prit part, il serait glorieux pour lui d'avoir commencé sa vie politique en marchant à la prise de la Bastille, et de l'avoir finie le jour où Napoléon consul entra aux Tuileries.

9

MARAT.

La révolution de 1789 s'opéra par la conséquence des faits plutôt que par la volonté des hommes qui se constituèrent les directeurs des destinées nouvelles. L'Assemblée nationale était monarchique. Cependant on ne pouvait résister aux efforts de la royauté et à ceux de l'aristocratie, sans découvrir tous leurs vices, sans déchirer ce manteau de pourpre qui cachait des plaies morbites. Puis les fermens de liberté naissaient du choc des classes. Le peuple s'éveillait et voyait ; et quand enfin l'Assemblée nationale aurait voulu rétablir la monarchie sur ses ruines, il n'était plus temps : tout ce qui tenait à l'ancien régime était odieux aux âmes nobles et fières du peuple. C'est alors que l'on vit d'étranges reviremens d'opinion; que l'on entendit un langage hypocrite dans la bouche de ceux mêmes qui avaient, les premiers, parlé d'affranchissement et d'indépendance ; c'est alors que dans le sénat fut commencé ce système, suivi depuis, qui consiste à faire tout au nom de la liberté, et à tout rapporter au profit du despotisme ou des ambitions liguées. C'est alors aussi que de funestes dissidences compromirent l'avenir de la réforme.

La lutte terrible des partis, les excitations dont quelques hommes furent victimes ; leur perspicacité politique, la prévision qu'ils avaient d'un avenir d'anarchie, la certitude de voir le sang couler au profit des ennemis de la démocratie, le jour où le peuple trompé rentrerait dans le calme, en se confiant à des hommes sans vertu, sans énergie et sans prévoyance, sont les raisons qui justifient les passions révolutionnaires. Il faut se rappeler encore que l'anarchie était un mal qui menaçait de devenir chronique, ou de finir par le despotisme. Mille voix confuses, mille volontés diverses, les trahisons sourdes, les ambitions dissimulées, divisaient les esprits, éloignaient une fusion nécessaire et l'accomplissement d'un résultat définitif.

Tel était l'état des choses quand Marat commença son apostolat révolutionnaire; et c'est au milieu des événemens qui surgirent de ces momens d'amour, de liberté, violemment combattus ou lâchement trahis, qu'il faut placer la vie tourmentée de cet *Ami du peuple*, pour la juger avec raison et justice.

Dans ces temps de colère, les hommes les plus cruels n'étaient pas ceux qui parlaient avec franchise, qui disaient chaque jour au peuple des vérités terribles : ces hommes-là remplissaient un saint devoir; et pour les justifier d'avoir sans cesse jeté des cris d'alarme à la nation qui voulait être libre, il n'est besoin que de voir ce qui est survenu; que de compter les forfaits politiques. Mais il est d'autres hommes qui, dans le silence et dans l'ombre, ont provoqué tous les malheurs, et ceux-là venaient au grand jour, avec des paroles douces, trompant la bonne foi du peuple, et se disant les apôtres de l'humanité. Que le néant les garde; ou, si leurs noms sont demeurés inscrits dans nos annales, que la vérité les flétrisse !

La révolution française est la plus mémorable du monde, et l'un des hommes qui l'ont animée, qui l'ont sauvée à son berceau, mérite qu'on le connaisse. Les invectives qui couvrent la mémoire de Marat doivent disparaître comme les dernières épaves qu'ont laissé les vagues mourantes de la révolution.

Avant la révolution, Marat exerçait la médecine à Paris et s'occupait en même temps de physique et d'anatomie. Quelques ouvrages qu'il avait publiés sur ces sciences, l'avaient fait connaître du monde savant ; puis, son livre de *l'Influence de l'âme sur le corps, et du corps sur l'âme*, avait mérité un article de critique de Voltaire. Ses écrits, dus aux rares loisirs de sa profession et de ses malheurs, attestent de hautes études. Seulement on blâmait, dans ses ouvrages, une grande liberté de pensée, des propositions qui semblaient des paradoxes, et surtout on le blâmait d'avoir voulu critiquer l'opinion de Newton sur quelques lois de la physique.

La révolution vint le jeter dans ce champ de luttes et de carnage, où la destinée de la France resta si longtemps indécise, et où devaient périr tant d'hommes de cœur, dans les momens de vertige et de tourmente.

Avant de parler de ce qu'il fit pour la révolution, nous ferons connaître son projet de déclaration des droits de l'homme et du citoyen, qu'il publia comme base du nouveau système politique, et qui nous a paru nécessaire à l'intelligence de ses écrits.

PROJET DE DÉCLARATION

DES DROITS DE L'HOMME ET DU CITOYEN.

Droits de l'homme (1).

« Chaque homme apporte au monde, en naissant, des besoins, la faculté d'y pourvoir, celle de se reproduire, le desir constant d'être heureux et un amour sans bornes pour lui-même : sentiment impérieux, auquel est attaché la conservation du genre humain ; mais source féconde des querelles, des combats, des violences, des outrages, des meurtres ; en un mot, de tous les désordres qui paraissent troubler l'ordre de la nature, et qui troublent, en effet l'ordre de la société.

» Des seuls besoins de l'homme dérivent tous ses droits. Les premiers sont toujours sensibles ; il n'en est pas de même des derniers : pour les trouver il faut les chercher ; recherche si difficile, que les esprits les mieux cultivés arrivent rarement aux mêmes résultats. Essayons cependant de les développer.

» L'homme reçut avec la vie le penchant irrésistible de la conserver, de la défendre, de la rendre agréable ; il a donc le droit de tout entreprendre pour sa défense et de s'approprier tout ce qui est nécessaire à sa nourriture, à son entretien, à sa sûreté, à son bonheur.

» Dès que l'homme peut pourvoir à ses besoins, il se trouve chargé par la nature du soin de sa conservation et de son bien-être ; il a donc le droit de faire librement usage de toutes ses facultés : ainsi, maître absolu de toutes ses actions, il jouit d'une liberté illimitée.

(1) Marat n'entend parler ici que des *droits naturels* de l'homme.

» Tant que la nature offre abondamment aux hommes de quoi se nourrir, se vêtir, tout va bien, la paix peut régner sur la terre; mais quand l'un d'eux manque de tout, il a droit d'arracher à un autre le superflu dont il regorge. Que dis-je? Il a droit de lui arracher le nécessaire, et plutôt que de périr de faim, il a droit de l'égorger et de dévorer ses chairs palpitantes. Tirons le rideau sur cette horrible image; faisons taire un moment la voix du préjugé, et qu'on nous dise ce qu'on pourrait opposer à ces conséquences dont le principe est incontestable (1).

» Pour conserver ses jours, l'homme est en droit d'attenter à la propriété, à la liberté, à la vie même de ses semblables. Pour se soustraire à l'oppression, il est en droit d'opprimer, d'enchaîner, de massacrer. Pour assurer son

(1) Le système de Marat sur *le droit naturel*, n'est pas nouveau; c'était, chez les anciens, celui de l'école stoïcienne. Parmi les anciens philosophes qui ont adopté ces principes, nous citerons Aristipe, fondateur de l'école cyrénaïque; Arcésilas et Carnéades, qui fondèrent la moyenne et troisième académie; Sextus-Empiricus. Parmi les modernes, nous citerons Montaigne et Hobbes. D'après le système du philosophe anglais, les hommes n'ont reçu de la nature que des besoins impérieux et des passions sans frein, qui les portent à s'occuper exclusivement de leur propre intérêt. Tous étant constitués de la même manière, personne ne peut se satisfaire et compléter son bonheur qu'aux dépens de celui des autres. L'homme est donc naturellement méchant et dans un état de guerre. Chacun est porté, par son propre penchant, ou à se défaire des autres, pour qu'ils ne disputent pas les biens dont il a besoin, ou à les asservir, afin qu'ils contribuent à lui procurer des biens et à satisfaire ses passions. On peut dire même, en quelque sorte, prétend Hobbes, que chacun a, en effet, le droit de tendre à un bonheur exclusif, aux dépens de celui des autres, et de les tuer sans scrupule, puisque autrement il a tout lieu de craindre d'être prévenu par eux. Il suit de là qu'aucune action n'est injuste en soi, lors même qu'elle fait du mal à autrui. (Voir les *OEuvres de Hobbes*, et notamment son *Traité de Cive*, et son *Leviathan*, cap. 13.)

bonheur, il est en droit de tout entreprendre ; et quelque outrage qu'il fasse aux autres , en rapportant tout à lui, il ne fait que céder à un penchant irrésistible, implanté dans son âme par l'auteur de son être.

» Là se bornent les droits naturels de l'homme, droits incontestables, mais égaux pour tous les individus, quelque différence que la nature ait établie entre eux, dans la mesure de leurs facultés.

Établissement des Sociétés.

» L'amour de préférence que chaque individu a pour lui-même le porte à immoler à son bonheur l'univers entier ; mais les droits de l'homme étant illimités, et chaque homme ayant les mêmes droits, celui qu'ont tous les individus pour attaquer, ils l'ont tous pour se défendre. Du libre exercice de leurs droits résulte donc nécessairement un état de guerre, et les maux sans nombre qui l'accompagnent, violence, vengeance, oppression, combats, meurtres, carnage. Ce sont ces maux redoutables auxquels les hommes ont voulu se soustraire, lorsqu'ils se sont réunis en corps. Pour y parvenir, il a donc fallu que chaque membre de l'association s'engageât à ne plus nuire aux autres ; qu'il remît à la société ses vengeances personnelles , le soin de le défendre et de le protéger ; qu'il renonçât à la possession commune des productions de la terre, pour en posséder une partie en propre, et qu'il sacrifiât une partie des avantages attachés à l'indépendance naturelle, pour jouir des avantages qu'offrait la société.

» Nous voici arrivés au pacte social.

» Il est constant, par les témoignages de l'histoire, que, dans tous les siècles, des hommes libres ont formé des associations pour piller, massacrer et asservir d'autres hommes: telles étaient celles des Romains, des Gaulois, des Germains, des Francs, des Scythes, des Normands, des Saxons, des Huns et de tous ces brigands qui dévastèrent autrefois le monde.

» Il n'est pas moins constant, par les témoignages de l'histoire, que, dans tous les siècles, la tyrannie a poussé les peuples à se soulever, et que la crainte d'une juste vengeance a souvent porté les oppresseurs à traiter avec les opprimés. Telle fut, dans la plupart des insurrections, la capitulation faite entre le gouvernement et le peuple.

» Enfin il est constant, par les témoignages de l'histoire, que quelques peuples ayant réussi à secouer le joug, les membres de l'État se sont réunis pour établir un gouvernement qui assurât leur liberté, leur fortune, leur repos, leur bonheur. Telle a été l'union des Suisses, des Bataves, des Anglais, des Anglo-Américains, etc.

» Quelles que soient les circonstances qui ont amené le pacte social, s'il est libre, le seul motif qui ait pu déterminer les membres de l'association à le former, est leur avantage : s'il est juste, le seul motif qui les ait déterminés est leur avantage commun.

» Ainsi, le but légitime de toute association politique est le bonheur de ses membres; mais comme chacun pourrait porter ses prétentions trop loin, c'est à la société de régler leurs droits respectifs.

» Ces droits dérivent de ceux de la nature. Les droits de la nature étant illimités et autorisant chaque individu à sacrifier les intérêts des autres à ses propres intérêts, il est indispensable que tous les membres de l'association s'interdisent réciproquement tout ce qui pourrait la dissoudre, tout acte de violence, de malignité, d'oppression; tout acte de vengeance personnelle ; tout moyen de nuire. Il est indispensable qu'ils soumettent leurs différends à la décision des lois ; en un mot, qu'ils renoncent à leurs droits naturels, pour jouir de leurs droits civils.

Droits du citoyen.

» Les droits civils de chaque individu ne sont, au vrai, que ses droits naturels contrebalancés par ceux des autres individus, et limités au point où ils commenceraient à les blesser. Limités de la sorte, ils cessent d'être dangereux à la société, et ils doivent être chers à tous ses membres, dont ils assurent le repos. De là résulte l'obligation que chacun s'impose de respecter les droits d'autrui pour s'assurer la paisible jouissance des siens : c'est donc par le pacte social que les droits de la nature prennent un caractère sacré.

» Les hommes ayant reçu les mêmes droits de la nature, doivent conserver des droits égaux dans l'état social. Les droits civils comprennent la sûreté personnelle, qui emporte un sentiment de sécurité contre toute oppression, la liberté individuelle, qui renferme le juste exercice de toutes les facultés physiques et morales, la propriété des biens qui comprend la paisible jouissance de ce qu'on possède.

» Dans une société sagement ordonnée, les membres de l'État doivent, à raison des mêmes droits qu'ils tiennent de la nature, jouir à peu près des mêmes avantages. Je dis à peu près, car il ne faut point prétendre à une égalité rigoureuse, qui ne saurait exister dans la société, et qui n'est pas même dans la nature : le ciel ayant départi aux différens individus des degrés différens de sensibilité, d'intelligence, d'imagination, d'industrie, d'activité et de force, conséquemment des moyens inégaux de travailler à leur bonheur et d'acquérir les biens qui le procurent. Mais il ne doit se trouver d'inégalité dans les fortunes que celle de l'inégalité des facultés naturelles, du meilleur emploi du temps, ou du concours de quelques circonstances favorables. La loi doit même prévenir leur trop grande inégalité, en fixant des limites qu'elles ne puissent franchir. Et, de fait, sans une certaine proportion entre la fortune, les avantages que celui qui n'a aucune propriété retire du pacte social, se réduisent presque à rien. Il a beau avoir du mérite, il est comme impossible qu'il acquierre des richesses; et s'il manque de souplesse, d'intrigue, d'astuce, il ne fera que végéter. Ainsi, tandis que le riche, objet de la considération, des égards, de la faveur, jouit de toutes les douceurs de la vie; tandis qu'il n'a qu'à demander pour obtenir, et commander pour être obéi, le pauvre ne sent son existence que par ses privations, ses fatigues, ses souffrances. Pour lui sont réservés les durs travaux; pour lui sont réservés les métiers vils, dégoûtans, malsains, dangereux; pour lui sont réservés la peine, la servitude, les dédains. La liberté même, qui nous console de tant de maux, n'est rien pour lui : trop borné pour faire ombrage, il méconnaît le bonheur d'être à couvert des coups d'autorité; et quelque révolution qui arrive dans l'État, il ne sent point diminuer sa dépendance; toujours cloué, comme il l'est, à un travail accablant. Enfin, s'il lui revient quelque chose d'une meilleure administration, c'est de payer un peu moins cher le pain noir dont il se nourrit.

» Dans un état où les fortunes sont le fruit du travail, de l'industrie, des talens et du génie, mais où la loi n'a rien fait pour les borner, la société doit à ceux de ses membres qui n'ont aucune propriété et dont le travail suffit à peine à leurs besoins, une subsistance assurée, de quoi se nourrir, se vêtir et se loger convenablement ; de quoi se soigner dans leurs maladies, dans leur vieillesse, et de quoi élever leurs enfans. C'est le prix du sacrifice qu'ils lui ont fait de leurs droits communs aux productions de la terre, et de l'engagement qu'ils ont pris de respecter les propriétés de leurs concitoyens. Mais si elle doit ces secours à tout homme qui respecte l'ordre établi et qui cherche à se rendre utile, elle n'en doit aucun au fainéant qui refuse de travailler.

» Dans une société où les fortunes sont très inégales, et où les plus grandes fortunes sont presque toutes le fruit de l'intrigue, du charlatanisme, de la faveur, des malversations, des rapines, ceux qui regorgent du superflu doivent subvenir aux besoins de ceux qui manquent du nécessaire.

» Dans une société où certains privilégiés jouissent dans l'oisiveté, le faste et les plaisirs, des biens du pauvre, de la veuve et de l'orphelin, la justice et la sagesse exigent également qu'au moins une partie de ces biens aille enfin à leur destination par un partage judicieux entre les citoyens qui manquent de tout ; car l'honnête citoyen que la société abandonne à sa misère et à son désespoir, rentre dans l'état de nature, et a droit de revendiquer à main armée des avantages qu'il n'a pu aliéner que pour s'en procurer de plus grands ; toute autorité qui s'y oppose est tyrannique, et le juge qui le condamne à la mort n'est qu'un lâche assassin.

» Enfin, tout citoyen a droit à la plus exacte dispensation de la justice et au meilleur des gouvernemens. »

Le plan de constitution qui suivait cette déclaration des droits de l'homme et du citoyen, n'était pas conséquent avec les principes radicaux de l'*Ami du peuple*. Il était basé sur une forme de gouvernement monarchique qui implique contradiction avec les lois de la démocratie, dérivées du droit naturel. En fait, l'histoire semble justifier l'opinion qu'avait Marat sur la forme du gouvernement convenable à la France; mais l'histoire induit souvent en erreur, et Marat y était induit lui-même, si, en proposant un plan de constitution monarchique, il ne cédait pas plus tôt à l'empire des circonstances, qui, au moment où il traçait ce plan, lui interdisaient de proposer un gouvernement républicain.

Il n'est point vrai que la forme du gouvernement que l'on donne à un pays, doive toujours être relative à l'étendue de l'État.

Les exemples de l'histoire ne prouvent rien, parce qu'il ne faut pas considérer ce que les peuples sont, mais ce qu'ils doivent être dans des conditions données, et parce que les républiques anciennes et modernes ont toutes des vices absolus, des élémens contraires à la pure démocratie.

Quelle que soit l'étendue d'un état, le pouvoir politique qui gouverne peut se centraliser et avoir toute l'unité et toute l'activité nécessaires. La Convention et le Comité de salut public en ont donné un exemple mémorable.

Le caractère des peuples n'est également qu'une raison spécieuse, mais vaine; car il serait aussi absurde de dire qu'un peuple est impropre à se former en société républicaine, parce qu'il est sans énergie, sans vertu, sans foi politique, que de dire qu'un homme dépravé par de mauvaises habitudes, est à jamais condamné à une vie abjecte, ou qu'un homme malade ne pourra jamais jouir de la santé que la nature tend à lui rendre, s'il sait l'aider de ses efforts et de ses soins.

On ne devrait jamais, en théorie politique, raisonner dans l'hypothèse de l'état actuel des peuples. Il faut considérer qu'une régénération politique, sérieuse et réelle, devrait commencer par une régénération sociale, et qu'alors

l'état des populations changeant, les raisons invoquées s'é-
vanouiraient.

Marat embrassa avec ardeur la cause de la démocratie, et
commença dans l'assemblée populaire du quartier de Paris
qu'il habitait, à se faire connaître par l'énergie de ses opinions et des motions audacieuses. Dès lors il souleva contre
lui des haines violentes. Les ennemis de la révolution, qui
se mêlaient à ses partisans pour provoquer les excès qui
devaient la perdre, accablèrent Marat d'outrages, cherchant
à le couvrir de ridicules, à exciter ses passions, à aigrir son
esprit. Il vit bientôt, parmi ces hommes qui se croyaient
libres, de lâches hypocrites, dissimulant la férocité des
hyènes sous un visage calme et placide, tous ceux enfin qui
dans les troubles provoquent les catastrophes en se cachant,
et puis en accusent ceux dont les discours sont plus violens
que les actions.

Marat sentait cependant son énergie croître en proportion
de la haine qu'on lui vouait. Le club des Cordeliers le reçut
dans son sein. En même temps il commença la publication
de son journal intitulé : l'*Ami du Peuple*. C'est par cet
organe qu'il poursuivit sans relâche son apostolat de la révolution, qu'il attisa le feu de la liberté souvent près de
s'éteindre, qu'il signala des périls imprévus en jetant des paroles effrayantes à la foule aveugle. Sans doute, si dans un
temps de calme et de bonheur, on écrivait des pages semblables, ce serait fomenter les discordes, exciter des passions
dangereuses; mais il faut toujours nous placer à l'époque des
faits pour les bien juger. Au moment où Marat prêchait la
révolution, des libellistes entreprenaient une mission toute
contraire, et la république était chaque jour en grand danger. Marat avait une grande perspicacité en politique : il
semblait lire dans l'avenir, et toutes les déductions qu'il ti-

rait des événemens accomplis et des choses actuelles se jus-
tifiaient par la suite. Il n'est pas étonnant que, voué de toute
son âme à la liberté du peuple, il ait voulu opposer à ceux
qui la menaçaient une résolution et une énergie égales aux
leurs. Que l'on mette à côté du journal de Marat, celui qui
avait pour titre : l'*Ami du Roi*, et tous les libelles publiés
alors, on verra clairement que l'*Ami du Peuple* n'était pas
le plus dangereux promoteur des troubles et des colères du
peuple. En cherchant la cause et la raison des plus déplorables événemens, on verra quelles étaient les pensées coupables, et d'où venaient les inspirations terribles. Après cet
examen et ces réflexions, on pourra dire que Marat a sans
doute été le sauveur de la république naissante; car il faut
se faire aussi une image de cette république au jour où elle
aurait été vaincue, où la royauté se serait relevée sanglante
et furieuse. L'anarchie aurait pris fin; mais que de têtes il
eût fallu abattre! Et puis qu'est-ce que le calme du despotisme? N'est-ce pas avec la terreur des échafauds qu'on le
maintient? n'est-ce pas avec des tortures qu'on impose le
silence? n'est ce pas au fond des cachots que l'on fait expier
des vœux de liberté? La république aussi aurait mis fin à
l'anarchie par ces moyens.

Dans les premiers numéros de l'*Ami du peuple*, Marat s'a-
tache à critiquer la tendance des travaux de l'Assemblée
nationale. Il dénonce un parti qui ne travaillait qu'à faire
manquer le grand œuvre de la régénération politique, en cherchant à détourner les questions qui allaient directement au
but, pour agiter celles qui tendaient à relever et à raffermir
les intérêts de la royauté. Il blâme les communes, qui se
laissaient aller à de fausses promesses, et qui laissaient enlever aux zélés citoyens le droit de s'assembler, et de ramener ces crises salutaires qui, seules, pouvaient faire trembler

les ennemis de la patrie. Puis il s'adresse au peuple :
« O Français! peuple libre et frivole, ne pressentirez-vous
» donc jamais les malheurs qui vous menacent? — Grâce au
» peu de vues de ceux qui vous gouvernent, à la lâcheté des
» ennemis de l'État, à un concours d'événemens inattendus,
» vous avez rompu vos fers, vous avez les armes à la main.
» Mais vous êtes livrés au manège des hommes faibles et
» corrompus... Au lieu de sentir que votre indépendance
» actuelle est l'ouvrage des conjectures, vous en faites hon—
» neur à votre sagesse, à votre courage. La vanité vous aveu-
» gle; et dans l'ivresse d'un faux triomphe vous laissez vos
» perfides ennemis renouer les fils de leur trame odieuse.....

» Peuple inconsidéré, livrez-vous à la joie, courez dans
» les temples, faites retentir les airs de vos chants de triom-
» phe, et fatiguez le ciel de vos actions de grâces pour un
» bien dont vous ne jouissez pas. Vous n'avez plus de ty-
» rans, mais vous éprouvez encore les effets de la tyrannie;
» vous n'avez plus de maîtres, mais vous ressentez encore
» les maux de l'oppression; vous ne tenez qu'un fantôme,
» et vous êtes plus loin du bonheur que jamais. Hé! de
» quoi vous applaudiriez-vous? L'état est en travail et en con-
» vulsion, vous êtes dans l'infortune, vos ateliers sont
» déserts, vos manufactures abandonnées, votre commerce
» est dans la stagnation, vos finances sont ruinées, vos
» troupes sont débandées : vous vivez dans l'anarchie, et
» pour surcroît de calamités, c'est en vain que le ciel a eu
» pitié de vous et vous a ouvert les trésors de la fécondité :
» vous n'avez échappé aux horreurs de la famine que pour
» éprouver la disette au sein même de l'abondance....

» Quel sort vous attend! vos ennemis ne cessent de vous
» tendre des piéges, de vous entraîner dans les désordres,
» de vous accabler d'inquiétudes et d'alarmes, de vous fati-

» guer de votre indépendance, de vous faire sentir les maux
» de l'insubordination, de vous faire regretter l'esclavage,
» et de vous réduire à chercher dans les bras d'un maître, le
» repos, l'abondance et la paix...

» Cessons de nous plaindre : les maux cruels qui nous
» font gémir sont notre ouvrage, les fruits amers de notre
» dépravation. Qu'attendre d'un peuple d'égoïstes, qui n'a-
» gissent que par des vues d'intérêt, qui ne consultent que
» leurs passions, et dont la vanité est l'unique mobile? Ne
» nous abusons plus : une nation sans lumières, sans
» mœurs, sans vertus, n'est pas faite pour la liberté. Elle
» peut rompre ses fers ; mais peut-elle éviter de les re-
» prendre? et si elle n'est pas enchaînée par la force, elle le
» sera infailliblement par la fourbe. »

Marat fit, par son journal, une guerre terrible aux hommes
faux, ou trop faibles, ou ineptes, qui entravaient la marche
paisible de la révolution, soit dans l'Assemblée nationale,
soit au ministère, soit au conseil de la municipalité. Les
dénonciations se succédaient avec une effrayante persistance
et une audace que ne permettait point encore une liberté
timide. Cette tâche de censeur public devait lui attirer la
haine violente de tous ceux qui avaient à le craindre, de
tous les hommes enfin, qui ne se sentaient ni assez purs ni
assez dévoués pour servir la patrie avec dignité. On cria donc
au scandale, on signala le journal de l'*Ami du peuple*,
comme une feuille incendiaire, et il fallut à Marat tout le
courage inflexible dont il était doué pour braver les dangers
qui s'amoncelaient sur lui. Il avoua hautement que depuis
qu'il n'avait pu se dissimuler le dessein de la faction ennemie,
de sacrifier la nation au prince, et le bonheur public à la
cupidité d'une poignée d'ambitieux, toute espèce de considération s'était évanouie; qu'il n'avait vu que le danger de

la patrie, et qu'il s'était fait un devoir de répandre l'alarme, seul moyen d'empêcher la nation d'être précipitée dans l'abîme.

« Je sais, dit-il, ce que je dois attendre de la foule des » méchans, que je vais soulever contre moi; mais la crainte » ne peut rien sur mon âme : je me dévoue à la patrie, et » suis prêt à verser pour elle tout mon sang. »

Bientôt obligé de se cacher, cet intrépide *ami du peuple* ne cessa pas d'écrire; et du fond de sa retraite, il voyait la marche des choses, jugeait les hommes, prévoyait l'avenir, et maintenait le peuple en alarmes.

En suivant attentivement tous les travaux de l'Assemblée nationale, il discutait parfois avec une parfaite entente des principes démocratiques, les lois constitutives. Il s'attacha avec une louable persévérance à critiquer la loi électorale, qui créait deux classes de citoyens : les classes de citoyens *actifs* et celle des citoyens *non-actifs*, et démontra tout l'odieux et l'arbitraire de cette loi, qui privait de ses droits la partie du peuple qui avait le plus grand intérêt à les exercer. Au sujet des conditions de l'éligibilité, il écrivait :

« Vainement fixerons-nous les qualités qui seules doivent être requises de nos représentans, si les électeurs n'avaient eux-mêmes ni discernement ni honnêteté. Les mœurs! les mœurs! quand elles manquent, rien ne les supplée, et l'État, divisé par des factions criminelles, se voit enfin déchiré par ses propres enfans. »

Marat est le seul qui ait examiné comme elle devait l'être, la question de la dette nationale :

« Qu'appelle-t-on la dette nationale? les dépenses énormes, où le faste et les vices scandaleux de la cour, l'inconduite, les déprédations et les folies du gouvernement ont entraîné la nation ; les dons immenses que le prince a prodigués et prodigue encore à ses créatures , les engagemens onéreux qu'il a contractés pour anticiper sur les revenus publics. Et c'est par des transactions aussi criminelles que l'État est à deux doigts de sa perte ! et c'est pour consacrer des engagemens de cette nature, que la nation se constitue solidaire ! et c'est pour assurer les moyens de les remplir, que le ministre des finances, après avoir perdu la nation, en lui inspirant la science de l'agiotage, grève chaque citoyen d'un impôt vexatoire. »

Marat n'avait pas seulement la faculté de dévoiler les complots les plus ténébreux, il savait aussi pénétrer l'avenir, et prédisait des événemens qui, venant toujours à s'accomplir, donnaient plus d'autorité à sa parole. C'est aujourd'hui que l'on peut juger de cette pénétration, en comparant chacune de ses prédictions avec les faits qui se sont réalisés. La plus frappante de ces prédictions de Marat est celle qu'il fit dans l'*Ami du peuple* du 14 décembre 1791, la veille du jour de sa retraite, qui devait durer jusqu'au mois d'avril suivant, et alors que, profondément découragé, abreuvé de dégoûts, lassé de persécutions , obligé de fuir pour sauver ses jours sérieusement menacés, il jeta comme un dernier regard sur les destins de la France.

Après avoir dénoncé encore la conjuration des ennemis de la révolution, conjuration qui n'était que trop réelle, il dit :

« A cette conjuration formidable des représentans de la nation, du prince, des ministres, des fonctionnaires publics, des chefs de l'armée et des gardes nationaux, du corps des officiers et des suppôts du despotisme, quels défenseurs de la patrie avez-vous à opposer? une cohue de clubistes, de bavards et de vaniteux pétitionnaires, qui se cachent dans

les momens de crise, laissant lâchement égorger leurs concitoyens, et viennent ensuite, en bravaches, à la barre du
sénat, afficher leurs sottises et assurer gravement aux pères
conscrits, que bientôt *la liberté roulera dans la poussière
tous les tyrans de l'univers.* Peuples, voilà les héros qui doivent prendre votre défense et vous faire triompher, comme
s'il suffisait de quelques phrases ridicules, pour écraser les
armées innombrables des ennemis de la liberté. O nation
insensée!.... Oui, la liberté est perdue parmi nous, est perdue sans retour; mais en attendant que le despote soit rétabli dans toute sa puissance, jetons un coup d'œil sur les
excès du despotisme, qui amèneront bientôt la chute de nos
tyrans.

» Il est certain que le despote se hâtera de rétablir la noblesse : mais il ne rétablira ni le haut clergé, ni la robe,
deux barrières redoutables, qui limitaient son autorité. Tant
que le trésor public, dont il a les clefs, se remplira de la
vente des biens nationaux, et tant que la confiance au pa-
pier-monnaie, dont il a le moule, ne sera pas détruite,
Louis Capet aura à sa solde une armée innombrable de satellites. Ce sont eux qui soutiendront quelque temps son empire; mais dès que ces ressources seront épuisées, et le terme
n'en est pas éloigné, une banqueroute honteuse lui enlè-
vera tous les créanciers de l'État qui se joindront aux nuées
d'opprimés. Bientôt les impôts dont on accablera les citoyens pour satisfaire les satellites soudoyés révolteront les
artisans, les marchands et les cultivateurs, qui grossiront
d'une foule de mécontens le parti des citoyens opprimés et
dépouillés. Ensuite, se jetteront dans ce parti tous les ambitieux dont la cour ne pourra plus satisfaire la cupidité, et
tous les fonctionnaires publics qu'elle ne pourra plus corrompre. Les soulèvemens successifs seront suivis d'un sou-

lèvement général; les satellites et les suppôts privilégiés du prince tomberont sous les coups des mécontens; lui-même sera précipité du trône et proscrit avec son indigne famille; le royaume sera déchiré par différentes factions, du feu des dissensions civiles naîtront plusieurs républiques fédérées; les citoyens les plus audacieux et les plus adroits usurperont l'empire, soumettront la multitude à un nouveau joug, et le gouvernement aura changé de forme sans avoir rétabli la liberté.

» O ma patrie! quel sort épouvantable l'avenir te réserve! Un décret fatal de l'impitoyable destin tiendra donc attaché sur ton front le bandeau de l'illusion et de l'erreur, pour t'empêcher de profiter de tes ressources, et te livrer sans défense entre les mains de tes cruels ennemis! Que n'ai-je pas fait pour te dessiller les yeux? Aujourd'hui il ne reste aucun moyen de prévenir ta ruine, et ton fidèle ami n'a plus d'autres devoirs à te rendre que celui de verser, sur tes trop longs désastres, des larmes de sang. »

Tels furent les adieux de l'ami du peuple. Sa perte était jurée : il fut obligé de fuir, et son nom même semblait être proscrit.

Il ne reparut dans la capitale qu'au commencement d'avril 1792, au moment où la révolution semblait prendre une nouvelle recrudescence. Le club des Cordeliers, par une délibération solennelle, invita l'ami du peuple à reprendre la plume, à continuer son journal.

Marat se rendit au vœu du club des Cordeliers, et reprit avec un nouveau courage, et toujours avec les mêmes vues et les mêmes principes, la terrible mission à laquelle il s'était voué. Mais les dangers qui l'avaient déjà menacé, ne cessèrent pas de le menacer encore. Il fut toujours comme proscrit au milieu de Paris, et vécut longtemps dans un lieu souterrain, où sa santé s'affaiblissait, mais où son courage était augmenté de toute l'irritation du malheur et de la proscription. Dans cette retraite profonde et mystérieuse, il continuait d'écrire l'*Ami du Peuple*, dont la publication devait éprouver des difficultés inouïes. Cet état de proscription où se trouvait Marat dura jusqu'au moment où la république fut proclamée.

Jamais aucun homme n'a eu dans ses mains, par le moyen de la presse, cette puissance morale que Marat exerça. Les trois Assemblées furent souvent inquiétées par les véhémentes dénonciations de l'*Ami du Peuple*; les ministres, les hauts fonctionnaires, les généraux, voyaient en lui un censeur sévère, un esprit pénétrant, qui dévoilait leurs actions et leurs pensées les plus secrètes (1); le corps municipal contenait mal le désespoir où le jetait la censure de cet Argus. Enfin tout ce qui était contraire à la révolution trouvait dans cet écrivain audacieux un obstacle invincible. Il exerçait sa formidable censure avec un courage sans exemple : cent fois les poignards des assassins furent levés sur lui, cent fois il fut poursuivi par la police du gouvernement, par l'autorité municipale, qui s'arrogeait des pouvoirs exorbitans. La persécution n'a quitté Marat qu'au moment où une femme assassin vint le délivrer de cette vie de combat. Il n'était pas flatteur du peuple, et pourtant il était aimé du vrai peuple, des patriotes sincères. Les malheureux, les opprimés affluaient au seuil de sa demeure, et lui demandaient justice comme au seul vengeur de tous les torts ; mais aussi la sympathie qu'il trouvait dans les classes pauvres et honnêtes, augmentait chez les aristocrates et les oppresseurs une haine implacable, que l'on savait propager

(1) Marat avait prédit la conduite de Lafayette.

au moyen de la calomnie : ici on le regardait comme le sauveur de la liberté ; là, on l'accablait d'injures, de haine, de mépris ; et un jour est venu où le peuple ingrat et misérable s'est joint aux ennemis de la révolution , pour maudire aussi la mémoire de cet homme sans lequel la révolution eût trouvé son point d'arrêt dans l'Assemblée nationale.

La mission de la presse révolutionnaire était difficile par cela même qu'elle était effrayante dans ses effets. Cependant les esprits les plus avancés , les républicains sincères ne concevaient pas assez la nécessité de cette mission pour l'accomplissement de la révolution. Nul ne voulait pénétrer la pensée de l'*Ami du Peuple* et se rendre raison de cette lutte sans trève contre l'esprit aristocratique qui débordait la société. En supposant que cette lutte eût provoqué des soulèvemens populaires , on serait forcé de reconnaître que sans ces soulèvemens la révolution ne se fût pas entièrement achevée.

« Les citoyens, disait Marat, les hommes qui aiment leur repos, les heureux du siècle, les sangsues de l'État, et tous les fripons qui vivent des abus publics, ne redoutent rien tant que les émeutes populaires : elles tendent à détruire leur bonheur, en amenant un nouvel ordre de choses : aussi s'élèvent-ils sans cesse contre les écrits énergiques , les discours véhémens ; en un mot , contre tout ce qui peut faire vivement sentir au peuple sa misère et le rappeler à ses droits.

» C'est la morale des hommes constitués en dignité et en puissance. Au milieu des abus de l'autorité et des horreurs de la tyrannie, ils ne parlent que d'apaiser le peuple, ils ne travaillent qu'à l'empêcher de se livrer à sa juste fureur. Ils ont pour cela de puissantes raisons, et de plus, un prétexte bien propre à faire impression sur les hommes bornés , mais qui n'en impose pas aux hommes instruits ; je parle des scènes tragiques dont les insurrections sont presque toujours accompagnées.

» Quelle que soit la terreur qui remplit leur âme et qu'ils cherchent à faire passer dans celle des autres, voici quelques réflexions qui contribuent à rassurer les esprits judicieux.

» D'abord, le peuple ne se soulève que lorsqu'il est poussé au désespoir par la tyrannie. Que de maux ne souffre-t-il pas avant de se venger ! Et sa vengeance est toujours juste dans son principe, quoiqu'elle ne soit pas toujours éclairée dans ses effets, au lieu que l'oppression qu'il endure n'a sa source que dans les passions criminelles de ses tyrans.

» Et puis , est-il quelque comparaison à faire entre un petit nombre de victimes que le peuple immole à sa justice, dans une insurrection, et la foule innombrable de sujets qu'un despote réduit à la misère ou qu'il sacrifie à sa fureur, à sa cupidité, à sa gloire, à ses caprices? Que sont quelques gouttes de sang que la populace a fait couler, dans la révolution actuelle, pour recouvrer sa liberté, auprès des torrens que les tyrans en ont versés, auprès des torrens que la frénésie mystique d'un Charles IX en a fait répandre ; auprès des torrens qu'en a fait répandre la coupable ambition d'un Louis XIV? Que sont quelques maisons pillées un seul jour par la populace, auprès des concussions que la nation entière a éprouvées pendant quinze siècles, sous les trois races de nos rois? que sont quelques individus ruinés, auprès d'une multitude d'hommes dépouillés par les traitans, les vampires, les dilapidateurs publics?

» Mettons de côté tout préjugé, et voyons.

» La philosophie a préparé, commencé, favorisé la révolution actuelle, cela est incontestable ; mais des écrits ne suffisent pas, il faut des actions : or, à quoi devons-nous la liberté, si ce n'est aux émeutes populaires? »

Robespierre, malgré son humeur ombrageuse et hautaine, appréciait la grande influence de Marat sur la révolution. Un jour cependant, il reprochait à l'*ami du peuple* l'exagération de son langage, qui détruisait l'influence de sa feuille. Robespierre aimait à se persuader que ce n'étaient là que des paroles en l'air, dictées par les circonstances. Marat lui répondit que l'influence de sa feuille ne tenait qu'à l'effroi qu'elle jetait dans l'âme des ennemis de la révolution. Ces accens de douleurs et d'indignation, ces cris d'alarme qui portaient l'épouvante, étaient sans doute déplorables pour ceux qui voulaient que la révolution s'arrêtât ou qu'elle prît une direction favorable à de nouvelles ambitions; mais, par cette raison seule, ils servaient puissamment la cause du peuple. Marat nous semble avoir calculé l'énergie nécessaire pour un effet donné. Or, nous ne voyons pas que les paroles brûlantes de l'*Ami du Peuple* aient jamais eu de sinistres effets, que le sang ait jamais coulé par l'effet seul et immédiat de sa plume. Mieux que personne il pouvait en juger, et l'histoire achèvera sa justification en faisant connaître les véritables causes des insurrections et des massacres. Au reste, la mort de Marat est antérieure aux plus sanglantes scènes de la révolution.

On doit encore à la mémoire de Marat la publicité d'un fait ignoré, c'est que d'infâmes plagiaires et même ses ennemis, répandaient dans la capitale et dans les provinces, des feuilles portant le titre de l'*Ami du Peuple*, signées du nom de Marat. Nous avons eu la preuve irrécusable de ce fait, en comparant aux feuilles de Marat les feuilles apocryphes portant les mêmes numéros. Marat se plaignit de cette perfidie scandaleuse, et protesta contre cette tactique de ses ennemis, en exprimant son mépris pour ces feuilles, dont le style *plat et dégoûtant ne le cédait qu'aux atrocités.*

Marat fut nommé à la Convention nationale par un district de Paris.

Dans l'une des premières séances de la Convention, une accusation lancée contre Robespierre et Danton faisait gronder contre eux l'Assemblée. On les inculpait d'un projet de dictature ou de triumvirat. Marat demanda la parole, et toute l'Assemblée se leva contre lui, tant était déjà grande la prévention qui l'avait précédé aux bancs législatifs.

Ce début à la tribune ne devait pas encourager Marat ; cependant on va juger de la force de son âme. Il prend une attitude ferme et se fait écouter :

« J'ai dans cette assemblée, dit-il, un grand nombre d'en-
» nemis ; je les rappelle à la pudeur, et à ne pas opposer de
» vaines clameurs, des huées, ni des menaces à un homme
» qui s'est dévoué pour la patrie et pour leur propre salut. »

Il disculpe ensuite Robespierre et Danton d'avoir eu l'idée d'une dictature. « Si quelqu'un est coupable d'avoir jeté
» dans le public ces idées , c'est moi, dit-il ; j'appelle sur
» ma tête la vengeance de la nation, mais avant de faire
» tomber l'opprobre ou le glaive, daignez m'entendre. Au
» milieu des machinations, des trahisons dont la patrie est
» sans cesse environnée, à la vue des complots atroces d'une
» cour perfide, à la vue des menées secrètes des traîtres
» renfermés dans le sein même de l'Assemblée constitutive ;
» enfin à la vue des suppôts du despotisme qui siégeaient
» dans l'Assemblée législative, me ferez-vous un crime d'a-
» voir proposé le seul moyen que je crusse propre à nous
» retenir au bord de l'abîme entr'ouvert ?..... J'ai frémi
» moi-même des mouvemens impétueux du peuple, lorsque
» je les vis se prolonger ; et pour que ces mouvemens ne

» fussent pas éternellement vains, et qu'il ne se trouvât pas
» dans la nécessité de les recommencer, j'ai demandé qu'il
» nommât un bon citoyen, sage, juste et ferme, connu par
» son ardent amour de la liberté, pour diriger les mouve-
» mens et les faire servir au salut public..... Déjà cent
» mille patriotes ont été égorgés, parce qu'on n'a pas assez
» tôt écouté ma voix; cent mille autres sont menacés de
» l'être, et si le peuple faiblit, l'anarchie n'aura pas de
» fin. »

Les idées de Marat étaient justes : les excès de la révolution eussent été évités par une dictature. Il fallait un dictateur sage et ferme, qui aurait servi, non pas à constituer le
gouvernement, mais à *installer* la république, à représenter
la nation pour détruire ses ennemis, à diriger la force de
tout le peuple; et afin d'enchaîner cet homme à la patrie,
il fallait, comme le disait encore Marat, lui mettre un bou-
let aux pieds.

Marat n'eut pas de peine à se justifier ainsi dans une assemblée qui était animée d'un grand patriotisme. Les murmures cessèrent, et c'est en vain qne Vergniaud chercha
de nouveau à l'outrager : il termina sa défense ainsi :

« M'accusera-t-on de vues ambitieuses? Voyez-moi et
» jugez-moi. Si j'avais voulu mettre un prix à mon silence,
» j'aurais pu être l'objet des faveurs de la cour. Mais quel
» a été mon sort? Je me suis jeté dans les cachots, je me
» suis condamné à la misère, à tous les dangers. Le glaive
» de vingt mille assassins était suspendu sur moi, et je prê-
» chais la vérité, la tête sur le billot. »

Cette séance fut longue et terrible pour Marat; l'orage
ne se calma un instant que pour gronder avec plus de force.
L'affiche qu'il avait publiée le 20 septembre venait d'être
réimprimée dans son journal. Un député lut le passage me-

naçant pour une partie de l'Assemblée. Alors on cria : *A l'Abbaye!* Pour se défendre, Marat fit observer que cet article était écrit depuis huit jours; qu'il lui avait été inspiré par son indignation en voyant triompher le parti de la Gironde, qui l'attaquait encore si violemment maintenant. Puis il fit lire à l'Assemblée un autre article dans sa feuille du jour, dont il avait changé le titre d'*Ami du Peuple* pour celui de *Journal Républicain*. Dans cet article, il se justifiait de toutes les accusations lancées contre lui; et, protestant n'avoir accepté la députation que dans l'espoir de servir plus efficacement le peuple, il promettait d'immoler à l'amour de la patrie ses préventions, ses ressentimens, ses haines.

En terminant, il montra un pistolet qu'il appliqua à son front, en s'écriant : « Je ne crains rien sous le soleil : si le » décret d'accusation eût été lancé contre moi, je me brû— » lais la cervelle au pied de cette tribune..... Voilà donc le » fruit de mes veilles, de mes travaux, de ma misère, des » dangers que j'ai courus? Eh bien! je resterai parmi vous » pour braver vos fureurs! »

Marat ne tarda pas à être connu et estimé des républicains sincères; mais il eut contre lui, jusqu'à sa mort, une faction redoutable : la Gironde lui conserva une haine implacable; elle le harcelait à la tribune, dans la presse, et répandait des calomnies sourdes qui finirent par laisser à Marat une réputation d'homme sanguinaire. Si l'on se rappelle que les Girondins avaient une grande influence sur les esprits bornés et irrésolus, qu'ils entretenaient dans les provinces des relations secrètes, on ne s'étonnera plus que le patriote le plus dévoué, le moins soigneux de son intérêt personnel, le plus dangereux pour eux, ait été la bête noire de la révolution, le spectre dont on épouvantait les femmes timides. Barbaroux surtout, l'ami du ministre Rolland, se montra le plus acharné dans cette lutte personnelle , dont nous ne rappellerons pas tous les détails, toutes les récriminations qui en faisaient le prétexte. Nous croyons à la bonne foi de Marat, qui d'ailleurs était aigri et excité; celle des Girondins est restée suspecte.

Quand s'ouvrit le procès de Louis Capet, Marat qui était plus préoccupé des affaires publiques, que du sort de l'ex-roi, fit encore à l'Assemblée d'importantes révélations sur la conduite du ministre Rolland. Cependant revenant au procès, il termina par une sortie qui saisit la Convention d'étonnement :

« On a cherché, dit-il, à jeter les patriotes de cette assem-
» blée dans des mesures inconsidérées, en demandant qu'ils
» votassent par acclamation la mort du tyran. Eh bien! moi,
» je les rappelle au plus grand calme; c'est avec sagesse
» qu'il faut prononcer. »

Puis il ajoute :

« Pour connaître avec certitude les traîtres (car il y en a
» dans cette Assemblée), je vous propose un moyen infailli-
» ble, c'est que la mort du tyran soit votée par appel nomi-
» nal, et que cet appel soit publié. »

Après la lecture de l'acte d'accusation contre Louis Capet, Marat donna une nouvelle preuve de sens et de sagesse en demandant que l'interrogatoire ne portât que sur des faits passés depuis l'acceptation de l'acte constitutionnel, parce que, disait-il, les faits antérieurs avaient été couverts d'une amnistie qui avait sauvé tous les conspirateurs. Ensuite il invita la Convention à réduire les chefs d'accusation à un très petit nombre, parce que ceux sur lesquels les preuves ne seraient pas évidentes affaibliraient ceux sur lesquels elles étaient concluantes.

Mais c'est à peine si Marat pouvait se mêler, de loin en loin, aux graves discussions de la tribune; ses ennemis l'y poursuivaient sans cesse; seul contre un grand nombre, il n'avait que le temps de songer à sa défense.

Ainsi dans la séance du 23 décembre 1792, Chabot lança contre lui une nouvelle accusation, en tronquant quelques passages du *Journal républicain,* où Marat, après des paroles amères de désespoir sur la marche des choses, prévoyait le cas où la France quitterait la démocratie pour avoir un chef.

« Il est trop affreux, répondit Marat, d'avoir à se défendre
» contre les ennemis publics que j'ai poursuivis sans cesse,
» et contre les patriotes sans vertu, pétris d'amour-propre
» et choqués de ce que je les ai appelés des *dindons*..... Dans
» l'effusion de mon cœur, voulant piquer la Convention et
» la rappeler à ses devoirs, j'ai déclaré que je ne voyais pas
» comme impossible que le peuple crût efficace de se donner
» un chef... Marchez au bien public à grands pas, et ne
» perdez pas votre temps dans ces discussions scandaleu—
» ses. »

Si de son côté Marat montra beaucoup de persévérance dans ses dénonciations et ses sorties contre les Girondins, c'est que ses appréhensions le tourmentaient sans cesse. Le 31 décembre, il dénonça un conciliabule des *hommes d'état* (c'est ainsi qu'il appelait la coterie de Roland ou des Girondins), qui voulaient, disait-il, faire venir Dumouriez à Paris pour seconder leurs projets et appeler des départemens un grand nombre de partisans.

Marat avait raison de chercher à prévenir l'Assemblée contre la trahison du général Dumouriez.

Il avait raison d'appeler l'attention des législateurs sur un ministre qui ne montra ni énergie ni capacité dans les momens de crise; qui causa par son impéritie ou son imprévoyance de funestes désordres, et laissa venir l'inquiétude, la gêne et la famine parmi le peuple.

Quant aux Girondins, leur histoire est longue, et nous nous bornons à dire que Marat lisait dans leur pensée, et les considérait comme les plus dangereux ennemis de la république.

Dans des jours de calme, Marat serait resté paisible et sans ambition; mais poussé par un patriotisme ardent, il s'animait chaque fois qu'un danger nouveau apparaissait, il s'exaspérait dans son désespoir; car il était souvent seul à voir le danger. C'est dans ces momens que, parfois, il cherchait à stimuler la Convention par des paroles véhémentes, et c'est son langage acerbe, ses apostrophes audacieuses, qui provoquèrent contre lui de si fréquentes plaintes.

Sur les troubles du 25 février 1793, il écrivit dans sa feuille : « Quand les lâches mandataires du peuple encou-
» ragent au crime par l'impunité, on ne doit pas trouver
» étrange que le peuple, poussé au désespoir, se fasse jus-
» tice lui-même. » C'en fut assez pour que ses ennemis l'accusassent d'avoir provoqué ces désordres, par des paroles dites après qu'ils avaient eu lieu. Il répondit que ces désordres étaient l'ouvrage de la faction de Roland, et qu'ils servaient à cette faction de prétexte pour demander contre lui un décret d'accusation.

Marat n'était pas un orateur brillant : parlant rarement et peu, il ne se faisait remarquer quelquefois que par la véhémence et même le cynisme de son langage; mais souvent aussi sa parole brève et concise étonnait l'Assemblée, et sa pensée jetait tout-à-coup au milieu de l'irrésolution générale une vive lumière.

Après les événemens des 9, 10 et 11 mars 1793, Vergniaud prononça à la tribune un long discours préparé, où l'emphase du rhéteur laissait à peine entrevoir quelques idées. Il proposait des mesures qui ne tendaient qu'à entretenir l'irritation des esprits et l'inquiétude; il voulait qu'on fît au peuple une adresse pour l'instruire de l'état de crise et des dangers de la patrie.

Marat monta à la tribune, et dit :

« Je ne me présente point avec des discours fleuris, avec
» des phrases parasites, pour mendier des applaudissemens;
» je me présente avec quelques idées lumineuses, faites
» pour dissiper tout le vain batelage que vous venez d'en—
» tendre. Personne n'est plus que moi affligé des scènes
» scandaleuses qui ont eu lieu parmi nous ; personne plus
» que moi n'a été affligé de voir ici deux partis, dont l'un
» ne voulait pas sauver la patrie, et l'autre ne savait pas la
» sauver..... Je ne viens point jeter une pomme de dis—
» corde; ceux qui m'entendent savent que j'ai parcouru
» moi—même les sociétés populaires, que je leur ai prêché
» la modération et l'obéissance aux lois, et que je les ai en—
» gagées moi—même à faire un rempart de leurs corps à la
» Convention nationale, si elle venait à être menacée. En
» cela je n'ai suivi que le sentiment de mon cœur. Et vous
» (s'adressant à la partie droite), si la sincérité, l'amour du
» bien public sont dans vos cœurs, je vous engage à vous
» montrer toujours d'accord avec les patriotes : voilà le seul
» vœu que je forme, voilà la seule action qui puisse sauver
» la république. Je m'oppose à l'impression d'un discours
» qui porterait dans les départemens nos alarmes et le ta—
» bleau de nos divisions; et je vote pour qu'à l'instant nous
» nous occupions du recrutement et de l'organisation du
» ministère. »

Si Marat était violent dans ses écrits, surtout dans les momens de lutte contre la faction qui le harcelait, et lorsqu'il voyait de sourdes conspirations près d'éclater, le fond de son caractère se dévoilait dans quelques occasions sérieuses. Ainsi, quand Lanjuinais, qui passe encore pour l'un des hommes les plus modérés de la Convention, demanda qu'une loi martiale frappât tous les conspirateurs de l'ouest qui seraient pris les armes à la main, Marat s'indigna.

« Ce ne sont pas, dit-il, les hommes égarés contre les» quels il faut sévir, c'est contre leurs chefs. C'est à la fa-» veur des lois irréfléchies que vous avez portées, que » les tribunaux, presque toujours composés de membres » inciviques, ont immolé l'innocent et sauvé le coupa-» ble. »

Cependant, les dangers devenaient imminens. Marat demanda la formation de deux comités de sûreté et de défense générale, le premier composé de dix membres, le second de quinze, qui seraient pris parmi les membres les plus purs de l'Assemblée, et qui jouiraient le plus de la confiance publique. Dans sa pensée, les membres de ces comités devaient prendre leurs délibérations à huis-clos, être responsables sur leurs têtes de toutes les mesures qu'ils pouvaient prendre, et la Convention devait les faire garder à vue. Enfin, il demandait à n'en pas faire partie.

Dans une séance suivante, il insiste vivement sur la formation d'un comité de défense. Il dit que ce n'est pas une dictature, comme on le croit, mais une autorité provisoire, destinée à organiser la garde nationale et à la précipiter sur les ennemis. « Peut-être, dit-il, avec les moyens que vous » lui donnez, ce comité ne sera pas encore assez fort pour » sauver la liberté. C'est par la violence qu'on doit établir » la liberté, et le moment est venu d'organiser momenta-

» nément le despotisme de la liberté pour écraser le des-
» potisme des rois. »

La salle et les tribunes retentirent d'applaudissemens, et la Convention décréta le comité de salut public, qui sauva la république.

Un dernier orage éclata bientôt après contre Marat, et fut suivi d'un jour de triomphe. Le **12** avril 1793, la société des jacobins répandit une proclamation fulminante, commençant par ces mots : « *Amis, nous sommes trahis! Aux armes!*... C'est dans le sénat que de parricides mains dé-
» chirent vos entrailles. Oui, la contre-révolution est dans le gouvernement, dans la Convention nationale. »

Pendant que l'on lit cette adresse dans l'assemblée, Marat, avec naïveté, s'écrie : «C'est vrai », sans songer que cette adresse est signée de lui, et qu'elle va être le sujet d'une accusation.

Cependant quand l'orage gronde, il ne se déconcerte pas : il prouve qu'évidemment une conspiration menace la république; il avoue que la pensée de la proclamation est vraie, mais il proteste qu'il ne l'a signée que comme président des jacobins, sans l'avoir lue.

Il fut décrété d'accusation et arrêté dans l'assemblée. Mais bientôt, en paraissant devant le tribunal révolution-naire, il n'entendit que des applaudissemens autour de lui et dit à ses juges : « Citoyens, ce n'est point un coupable qui paraît devant vous, c'est l'apôtre et le martyr de la liberté. »

Il fut acquitté, et le peuple, qui se pressait dans l'enceinte du prétoire, fit retentir les airs de ses acclamations. On le couronna de feuilles de chêne, et on le porta en triomphe au milieu de la Convention qui avait voulu le proscrire.

Depuis long-temps une vaste et redoutable conspiration

était ourdie par les Girondins, et nous avons vu que Marat les avait suivis pas à pas, les troublant de ses cris, les alarmant par ses révélations. Près de triompher peut-être, et de jeter la France dans une grande anarchie, les Girondins succombèrent tout-à-coup. On peut s'étonner de la générosité de Marat, qui, les voyant accusés, désarmés devant la Convention, cessa aussitôt de les combatre.

« Ayant été le premier poursuivi par la faction dénon-
» cée, dit-il, je crois devoir m'abstenir de demander la pa-
» role, afin qu'on ne puisse pas m'accuser d'avoir dirigé ce
» mouvement. »

Il écrit à la Convention qu'il renonce à l'exercice de ses fonctions de député jusqu'après le jugement des représentans accusés; puis il ajoute : « Puissent les scènes qui ont
» si souvent affligé le public, ne plus se renouveler au sein
» de la Convention ! puissent tous ses membres immoler
» leurs passions à l'amour de leurs devoirs, et marcher à
» grands pas vers le but glorieux de leur mission ; puissent
» mes collègues de la montagne faire voir à la nation que
» s'ils n'ont pas encore rempli son attente, c'est que des
» méchans enchaînaient leur efforts ! puissent-ils prendre
» de grandes mesures pour écraser les ennemis du dehors,
» terrasser les ennemis du dedans, faire cesser les malheurs
» qui désolent la patrie, y ramener la paix et l'abondance,
» affermir la liberté par de sages lois, établir le règne de la
» justice, faire fleurir l'état, et cimenter le bonheur des
» Français ! »

Marat touchait alors au terme de sa vie, qui avait été un combat incessant, d'abord contre l'infortune, et ensuite contre les passions politiques. Déjà la mort marquait ses dernières heures, quand une fille de Caen vint frapper à sa porte. N'ayant pas été reçue, elle revint le soir avec un billet écrit de sa main, dans lequel elle disait à Marat

« Je vous ai écrit ce matin. Avez-vous reçu ma lettre?
» puis-je espérer un moment d'audience? Si vous l'avez
» reçue, j'espère que vous ne me refuserez pas. Vous voyez
» combien la chose est intéressante. Il me suffit de vous
» faire voir que je suis malheureuse pour avoir droit à votre
» estime. »

Cette fille était Charlotte Corday. Elle fut introduite dans l'appartement de Marat qu'elle trouva au bain, et lui plongea un poignard dans le sein.

En ce moment les Girondins étaient en fuite. Barbaroux, Péthion et Lanjuinais s'étaient rendus à Caen. Là Charlotte Corday les avait entendus accuser Marat de tous les maux dont la France souffrait; on le dépeignait comme un monstre altéré de sang, comme le promoteur de toutes les discordes et l'obstacle insurmontable au bonheur du pays. Barbaroux écrivit au conventionnel Duperret, son ami, pour lui recommander Charlotte Corday, qui venait à Paris sous le prétexte de solliciter auprès du gouvernement pour une femme réfugiée en Suisse. La lettre de Barbaroux finissait par ces mots : « Tout va bien ici, sous peu de jours nous » serons sous les murs de Paris. »

Dans son interrogatoire, Charlotte Corday parla d'un complot dont le but était l'assassinat de tous les Montagnards.

On fit l'inventaire des papiers de Marat; on n'y trouva rien qui fut contraire aux principes qu'il avait professés pendant sa vie. On put se convaincre, par cette investigation, faite dans un autre but, que Marat était un républicain sincère, que l'austérité de ses mœurs lui avait mérité à juste titre le nom de *Caton* français, et sa noble misère convainquit ses ennemis qu'il avait sacrifié sa vie, son repos et ses travaux à la république.

Quand on vit ce patriote tombé sous les coups d'un assassin, ce fut une grande stupeur parmi ceux qui avaient
connu l'intégrité de son caractère, mais qui n'avaient pas
aimé la violence de ses écrits. Cette population dont il avait
été le prophète et l'ami, fit éclater sa sympathie et sa dou-
leur. Le martyr de la liberté eut les honneurs funèbres d'un
roi, le peuple demanda que ses cendres fussent portées au
Panthéon; le peintre David retraça ses traits dans un tableau qui représentait sa fin malheureuse. Mais l'opinion
publique est comme une fumée que le moindre vent dis-
perse; un libelle qui l'accusait de royalisme suffit pour faire
briser ses statues, et, du Panthéon, ses restes furent traînés
aux gémonies.

SAINT - JUST.

Un soir d'été (10 thermidor an ii), la place de la Révolution, où venaient à la mort, tour à tour, les victimes et les complices de toutes les factions, comme pour établir entre elles la balance du sang versé, se trouva soudainement remplie de cette populace qui cherche l'émotion des spectacles sanglans; puis, au milieu de la foule, on vit s'avancer un sinistre cortége. Le peuple avait souvent vu ce cortége passer, mais il connaissait à peine un jeune homme qui monta, sans pâlir, sur la hideuse machine; et pourtant c'était Saint-Just, qui la veille, à côté de Robespierre, gouvernait la France, et dont la voix était aimée dans la fougeuse assemblée qu'il avait présidée. Son front serein semblait défier la mort prête à le toucher, et sa pensée semblait encore chercher à résoudre l'éternel problème des destinées humaines.

La mémoire de Saint-Just, comme celles de Robespierre, de Marat et de Danton, est encore exposée aux outrages de la haine des hommes auxquels les événemens révolutionnaires n'ont inspiré que des tremblemens paniques. A peine ose-t-on aujourd'hui, après un demi-siècle, évoquer ces noms qui doivent grandir pour la postérité; juge inexorarable et colère, l'opinion les condamne et semble vouloir frapper d'anathème les téméraires qui cherchent à réhabiliter leur mémoire. Il y a danger sans doute à élever des monumens funéraires avec des laves brûlantes ; mais à cette heure les ressentimens devraient laisser la parole libre à l'historien nouveau qui vient exhumer des cendres refroidies la pensée qui dirigea les plus puissans efforts qu'aient jamais faits les hommes pour établir la démocratie.

Peu d'hommes ont eu la destinée de Saint-Just : ses triomphes, ses travaux et sa mort ont à peine rempli trois années. Il est vrai que ces trois années ont été plus fécondes et en même temps plus destructives que trois siècles ; elles ont dévoré l'antique monarchie française et enfanté la république ; elles ont abattu les pouvoirs féodaux et posé les bases des pouvoirs populaires.

Saint-Just naquit à Blérancourt, près de Noyon, en 1768. Il puisa de bonne heure dans l'étude des anciens ce goût sévère de l'antiquité et cette mâle probité de la conscience qui lui inspirèrent des principes de républicanisme inaltérables. Aux premiers mouvemens révolutionnaires, aux premières clameurs d'un peuple galvanisé par son choc avec le despotisme, ce jeune homme qui sortait du collége, semblait sortir de Rome ou de Sparte ; il crut voir les pauvres sur le mont Sacré ; mais il ne prévit pas que cette vieille population d'esclaves qui demandait la liberté, prêterait bientôt ses mains à tous les pouvoirs, à toutes les factions.

Sans les événemens qui vinrent ainsi le surprendre et l'émouvoir, sa destinée eût été bien différente. Un essai littéraire, son poème d'*Organ*, semblait le prélude de cette autre destinée. Mais de graves pensées lui vinrent, à la vue des choses nouvelles.

Trop jeune au moment de l'élection des états généraux, il

ne put faire partie de la première assemblée; mais il fit la connaissance de Robespierre, avec lequel il entretint une correspondance suivie jusqu'au jour où il entra avec lui à la Convention nationale, comme député du département de l'Aisne. Il avait 24 ans.

Alors se distinguaient à la tribune des orateurs inspirés par la liberté, et, quoique la Convention renfermât dans son sein des hommes peu instruits, on ne s'y livrait guère à des discours oiseux. Les paroles qui vibraient dans cette assemblée avaient des échos lointains.

Lorsque Louis XVI fut traduit à la barre de la Convention, parmi les orateurs qui discutaient la question dominante du procès, c'est-à-dire la question d'inviolabilité, les uns contestaient le droit de juger, les autres admettaient ce droit, mais à des conditions restrictives. Saint-Just réfuta ces opinions. Non seulement il repoussa l'exception d'inviolabilité, mais il critiqua le vœu du comité, d'après lequel le roi devait être jugé comme un simple citoyen. « La » royauté, dit-il, est en elle-même un crime, une usurpation. » Et il rappela comment les rois, de tous temps, avaient traité les usurpateurs, et comment on jugea les Tarquins, quoiqu'il n'y eût rien dans les lois de Numa que l'on pût leur appliquer.

Quelque véhément que fût ce discours, il avait moins pour but de combattre des sentimens de clémence, que d'écarter du procès les questions de formalité qui le compliquaient. Ces questions préjudicielles furent fatales à l'accusé; car elles mettaient en présence deux principes antipathiques, la souveraineté du peuple et le despotisme monarchique, qui se traduisait par le mot d'inviolabilité. Saint-Just, comme tous les hommes radicaux de la révolution, vit dans cette discussion l'avenir de la république gravement compromis ; il vit qu'en admettant ce principe de l'inviolabilité, la liberté ne pouvait être sincèrement consacrée. Ce jeune tribun ne voulut pas attaquer Louis Capet personnellement, mais il se prononça dans cette question de vie ou de mort pour la royauté, de vie ou de mort pour la république. Ceux qui, pour défendre l'ex-monarque, invoquaient les principes de l'absolutisme, ont seuls provoqué les votes de mort de la Convention.

Peu de jours après, St-Just parla sur un projet de loi relatif aux subsistances. C'était un sujet grave dans un moment où, aux terreurs de l'anarchie, se mêlaient des craintes de famine. Il critiqua le projet du comité qui renfermait des mesures vexatoires, et demanda que l'on établît l'économie publique sur une bonne administration. Il attribua la stagnation du commerce à l'émission déréglée des assignats, en démontrant qu'il n'y avait plus de rapport proportionnel entre les produits et les signes qui devaient les représenter ; que par conséquent le commerce diminuait en raison inverse de l'augmentation du signe, et que l'équilibre se perdait. Ces vues, simples et vraies, etaient lumineuses dans ce moment de cahos, où des systèmes absurdes se heurtaient dans les pensées. Ensuite, s'élevant à un point de vue rationel, il signala les dangers à redouter, les véritables causes des malheurs publics : « Tout le monde veut « bien de la république, dit-il, mais personne ne veut de « la pauvreté ni de la vertu.... Il sagit d'instruire à la vertu « des hommes durs qui ne vivent que pour eux.... On a fait « une république avec des vices, consolidez-là sur des ver- « tus ; cela n'est pas impossible : un peuple est conduit fa- « cilement aux idées vraies.... Mais si l'on abandonne la « liberté au torrent de toutes les imprudences, de toutes les » immoralités, si la Couvention ne porte pas un œil vigi-

« lant sur tous les abus, si l'orgueil et l'amour de la sotte
« gloire ont plus de part aux affaires que la candeur et le
« solide amour du bien, si tous les jugemens sont incer-
« tains et s'accusent, si les bases de la république ne sont
« pas incessamment posées, dans six mois la liberté n'est
« plus. »

Dans toutes les discussions importantes, St-Just montra
beaucoup de raison et un esprit d'analyse qui lui rendait facile l'intelligence des hautes questions de politique. On le voit
surtout préoccupé d'un principe qu'il ne perd jamais de vue,
c'est l'unité du pouvoir. Ainsi, le 28 janvier 1793, sur un
rapport de Sieyès, relatif à l'organisation du ministère de
la guerre, après avoir parlé des abus, des vices, des désordres de cette administration, il montra les dangers qu'il y
aurait à laisser l'armée, comme un instrument, dans les
mains du gouvernement représentatif. Il voulait que la direction du pouvoir militaire résidât dans l'Assemblée législative, comme une garantie pour le peuple contre les magistrats. C'était, en effet, un danger réel et dans lequel
devait plus tard périr la république. Alors elle était déjà
sérieusement menacée. St-Just voulait donc centraliser toute
la puissance publique dans la Convention, qui devait être
l'arche sainte de la liberté; et toujours, du haut de la tribune, comme un pilote alarmé, il signalait les ambitions in-
dividuelles comme des écueils redoutables.

Le 15 mai 1793, prenant part à la discussion ouverte sur
la division politique de la république, il montra la différence d'une division territoriale d'avec une division de la
population, et demanda cette dernière en 85 tributs, comme
la seule convenable à la république, parce qu'elle mène à
la représentation nationale, fondée sur le suffrage, tandis

que la division territoriale mène à la monarchie, fondée sur le domaine ou la propriété.

St-Just s'est fait remarquer par la netteté et la précision de ses idées, par la force des raisonnements et la logique des déductions, qui abondent dans les discours et les rapports qu'il prononça au nom du comité de salut public, dont il fit partie avec Robespierre. Il résumait son système politique dans la souveraineté du peuple et dans la vertu de sacrifier toutes les individualités excentriques à la cause commune. Les hommes qui ne voyaient dans cette inflexible volonté qu'une volonté téméraire exercée en vue d'un résultat impossible, n'ont trouvé dans le jeune législateur qu'un métaphysicien de la terreur.

On lui a reproché d'avoir combattu les girondins; mais les girondins mirent réellement la république en péril. Leur projet de fédéralisme, leurs plans, vaguement tracés, pour la division de la France, le complot qu'ils avaient tramé pour réaliser ce projet, faillirent perdre la république au moment où elle avait encore des chances de vie et de fortune; car, bien que le fédéralisme soit bon en lui-même, ce n'était pas le cas de l'appliquer au pays. Ce système est excellent quand il réunit des peuples précédemment séparés, de mœurs et de lois différentes; mais quand il s'agit de démembrer une veille nation, c'est la tuer, la livrer à tous ses ennemis. On a vu les peuples anciens grandir en puissance quand ils se fédéralisaient, quand autour d'une métropole se groupaient étroitement d'autres peuples, d'autres tribus. On a vu, au contraire, les démembremens uivis d'une ruine immédiate.

St-Just, incorruptible partisan de l'unité républicaine, devait être alarmé, et accuser les Girondins. Il les accusa donc d'avoir inspiré des inquiétudes à la nation en répandant des nouvelles insidieuses, d'avoir tramé un complot dont il connaissait le but et les détails. Enfin, les accusant d'avoir les premiers donné l'exemple de la sévérité envers les représentans du peuple, il dit qu'ils devaient subir la loi qu'ils avaient faite pour les autres.

Les Girondins se posaient aux yeux du monde comme non solidaires des malheurs du passé; puis, pour discuter des doctrines nouvelles, ils se réunissaient chez madame Roland, que Marat appelait la *Circé* du parti, et tout cela semblait appartenir à une coterie indigne d'un peuple libre.

St-Just combattait les ennemis de la république partout où il les voyait. Tantôt il signalait avec Marat le complot de Dumouriez, tantôt les coupables excès des démagogues. Mais toutes les fois qu'il lui fallait invoquer la sévérité des lois contre les coupables, il trouvait, disait-il, « quelque chose « de terrible dans cet amour sacré de la liberté qui fait tout « immoler à l'intérêt public. »

Quand il n'avait pas à combattre les factions, à s'alarmer des dangers présens, il se préoccupait de l'avenir et proposait des institutions; « car, disait-il, nous avons un « gouvernement, nous avons ce lieu commun de l'Europe, « qui consiste dans des pouvoirs, dans une administration « publique ; mais les institutions nous manquent. »

Ensuite il se plaignait de ce que la France était inondée d'écrits pernicieux, de ce que la loi déifiait l'athéisme intolérant et fanatique à son tour ; de ce qu'il semblait que le prêtre s'était fait athée, et que l'athée s'était fait prêtre, et de ce que, enfin, quand il aurait fallu de l'énergie, on ne suggérait au peuple que le délire et la faiblesse.

St-Just proposa d'abolir la mendicité et de donner aux pauvres les biens des conspirateurs.

« Osez, s'écria-t-il un jour à la tribune, ce mot renferme
» toute la politique de notre révolution…. Détruisez le parti
« rebelle; *bronzez* la liberté.. Mettez le bon sens et la mo—
« destie à l'ordre du jour; ne souffrez point qu'il y ait un
« malheureux dans l'État. »

On reconnaît dans St -Just ce génie sans enthousiasme,
qui médite et agit silencieusement; cette constance dans
les pensées, cette audace dans l'action qui font les grands
hommes d'état ; et ce n'est pas à la tribune seulement qu'il
montra ce caractère; c'est encore dans ses missions aux
armées du Nord et de l'Alsace. Ici il déjoue des complots,
là il donne aux opérations militaires une telle énergie, qu'il
rend la victoire certaine. « St-Just, dit Barrère en rendant
« compte de sa mission à l'armée du Nord, a envoyé à la
« tranchée la commission militaire, et ce tribunal a fait,
« sous les yeux mêmes de l'ennemi, justice des traîtres. »

A un parlementaire ennemi, il fit cette réponse : « Allez
« dire à celui qui vous envoie, que les républicains ne re—
« çoivent et ne donnent que du plomb. »

Tel fut cet homme, étrange par sa destinée autant que
par son puritanisme républicain. Il avait foi dans un avenir de liberté, qui devenait de jour en jour plus incertain
au milieu des craquemens effrayans d'une société qui
tombait et ne pouvait se reconstituer avec des hommes et
des théories contradictoires, avec des élémens de royalisme
et de démagogie, de pureté nouvelle et de putridité ancien-
ne ; de résistance aveugle, d'élans audacieux, d'entraîne-
ments fous. Il faut roire à la bonne foi de St-Just. Sa parole était sincère, ses pensées consciencieuses ; mais devant
des nécessités fatales, devant des périls immenses, des difficultés insurmontables, sa bonne foi et sa vertu ont été
méconnues.

Son énergie, sa pensée morte sans avoir été comprise, devaient promettre au pays un de ces hommes qui marquent dans les siècles.

Le plan de constitution qu'il présenta à la Convention reproduisait les idées qu'il avait, pour la plupart, émises dans ses discours. Il prenait pour base l'unité sociale, l'indivisibilité de l'intérêt commun, l'égalité, et développait un système d'institutions propres à former le peuple aux vertus nécessaires à toute perfection sociale. Ce plan offrait tant de rigidité dans son application, que beaucoup d'hommes qui voyaient déjà dans l'avenir autre chose qu'une véritable démocratie, en eussent été effrayés s'il se fût agi de son exécution.

St-Just concevait avec précision la nécessité des vertus qui sont le fondement d'une république. Mais il y avait une double difficulté pour établir ces vertus : la difficulté qu'éprouve toujours une rénovation, par cela seul qu'elle exige un sacrifice à l'empire des habitudes, un combat de la volonté contre l'instinct et la propension machinale, et la difficulté résultant de la grande différence qui existe entre le principe des vertus républicaines et le principe des vices et de l'esprit des populations dégradées sous la monarchie. Il serait aussi impossible à une population semblable d'être pure et républicaine, qu'à une vieille courtisane d'être digne du temple de Vesta. Cependant, il fallait vouloir tenter cette régénération si difficile, et sans la réalisation de laquelle les lois les plus sévères seront toujours vaines.

La pensée et les travaux de St-Just se dirigeaient vers ce grand résultat, mais il ne connaissait pas toute la force de résistance ou d'inertie qui retiendrait le peuple dans sa condition misérable.

Dans les rares et courts momens que lui laissait le soin

des affaires publiques, St-Just n'avait pu qu'ébaucher quelques écrits, et l'on est forcé de le regarder constamment à
la tribune , jusqu'au moment où il monta sur l'échafaud.

Ce moment approchait pour lui comme pour Robespierre.
Cependant tout dépendait encore d'une résolution auda-
cieuse, d'une mesure de prévoyance. La Convention avait
peur de Robespierre, et cette crainte même imposait le silence à l'assemblée; mais il ne fallait qu'un mot pour faire
éclater sa fureur concentrée, et ce mot fut dit. L'élan fut
soudain et général : en vain St-Just, que l'on n'accusait
que comme complice de Robespierre, ouvrit-il la séance de
ce jour en déclarant que, dût la tribune être pour lui la ro-
che Tarpéïenne, il n'en dirait pas moins les causes des divisions qui venaient d'éclater. Il fut violemment interrom-
pu, et on l'empêcha de dissiper les soupçons absurdes dont
on faisait lé sujet de l'accusation.

L'accusation ne tomba d'abord que sur Robespierre, et
ce n'est que par contre-coup que St-Just subit l'effet de
cette terrible colère ; parce que lui aussi était accusé d'avoir
voulu chasser de l'assemblée les *hommes impurs*.

Cette séance devait finir par un décret de mort. La peur,
comme un pâle fantôme, passa dans l'assemblée et fit voter ce décret.

St-Just marcha avec calme et courage à la mort, et son
dernier regard jeté sur la populace qui assistait à son supplice, sembla révéler de sombres destins.

TABLE DES MATIERES.

38, rue des Bouchies Saint-G.—Imprimerie de P. Baudouin.

LES LÉGISLATEURS

DE LA

RÉPUBLIQUE FRANÇAISE.

De Brutus éveillons la cendre ;
O Gracques ! sortez du cercueil...
(M.-J. CHÉNIER, *Chant des Victoires.*)

PREMIÈRE PARTIE.

ROBESPIERRE. — DANTON. — SAINT-JUST.
MICHEL LEPELETIER. — MARAT.
BARNAVE. — BARRAS.
M.-J. CHÉNIER.

PARIS

FERRA, LIBRAIRE, RUE DES GRANDS-AUGUSTINS, 16.

1843

Imprimeries de PECQUEREAU et C°, rue de la Harpe, 58.

ROBESPIERRE.

Le peuple français était malheureux dans les derniers jours de la vieille monarchie, et l'excès de sa misère fut la ruine du gouvernement qui l'opprimait. Mais lorsque ce gouvernement tomba devant la puissance populaire, il n'y avait point d'accord, point d'unité dans les esprits, point de ces sentiments profonds et universels qui sont l'âme des nations. Les uns voulaient une liberté qui n'était que la licence ou la barbarie; les autres voulaient, en donnant satisfaction aux idées, en proclamant de vains principes, faire revivre un gouvernement monarchique et oligarchique; d'autres enfin, habitués à vivre de dons et de salaires, les mendiants des faveurs royales, les possesseurs des priviléges, des monopoles, des charges et des offices; les employés nombreux comme les insectes qui dévorent les fruits des champs, les membres d'un clergé puissant et qui avait perdu la religion par sa cupidité, regrettaient amèrement l'ancien régime, et regardaient les novations et les effets de leur propre résistance comme des attentats et des sacriléges. On vit donc, aux premiers jours d'une ère nouvelle, les mêmes divisions et les mêmes maux qui signalent la ruine des vieilles nations.

Les divisions du peuple ne tardèrent pas à envahir la Convention nationale, et il n'y eut plus alors dans cette assemblée qu'un seul parti qui voulût sincèrement un gouvernement républicain.

L'homme le plus éminent de ce parti était Robespierre, dont la renommée remplit soudainement le monde, et que l'on considéra comme l'âme du gouvernement révolutionnaire, comme la pensée active de l'organisation qui s'opérait violemment.

Sans approfondir sa pensée, restée mystérieuse pour le monde, on s'est plu à résumer en lui toute l'ardeur révolutionnaire, tous les résultats d'un mouvement puissant et d'une répulsion plus puissante encore. On l'a voulu juger par des faits qui s'accomplirent indépendamment de lui ; on l'a placé dans l'ombre des plus mauvais jours, pour voir sa figure à la lueur de la foudre populaire. C'est que le peuple adopte facilement les idées qui frappent son imagination ; c'est qu'il aime à tout personnifier, à voir toujours un homme à la place des principes et des passions d'un parti.

Robespierre naquit à Arras en 1759. Il fit ses études au collége Louis-le-Grand à Paris, où ses professeurs, remarquant son esprit et son caractère, l'appelaient le *Romain*. Ayant ensuite étudié le droit, il retourna à Arras, où il exerça la profession d'avocat, dans laquelle il se distingua en plaidant quelques causes importantes. Très-jeune encore il fut élu président de l'Académie de cette ville.

Nommé député àux États généraux par la commune d'Arras, il vint à Paris avec les sentiments qu'il fit bientôt connaître. Soit qu'il prévît les événements, soit qu'il cédât à l'impétuosité de ses désirs, il se montra aussitôt ce qu'il était, républicain absolu.

L'influence qu'il s'acquit sur les esprits vint lentement : elle fut progressive comme son talent d'orateur ; mais dès les premiers mois de la révolution il se fit remarquer par ses opinions avancées. Sa parole était grave, mais elle ne retentissait pas éloquente et pleine d'émotion comme celle des